Sammlung

Außerdeutscher Strafgesetzbücher.

Herausgegeben von den Schriftleitungen

der

Zeitschrift für die gesamte Strafrechtswissenschaft

und der

Mitteilungen der Internationalen Kriminalistischen Vereinigung.

XXXVIII.

Das polizeiliche Strafverfahren in Ungarn.

BERLIN 1912.

J. Guttentag, Verlagsbuchhandlung,

G. m. b. H.

Das polizeiliche Strafverfahren in Ungarn.

Übersetzt von

Dr. Gabriel von Szöllősy,
Oberleutnantauditor im k. u. k. Kriegsministerium in Wien.

BERLIN 1912.
J. Guttentag, Verlagsbuchhandlung,
G. m. b. H.

Vorwort.

In Ungarn ist eine namhafte Anzahl der in Gesetzen und in Ministerialverordnungen bestimmten Übertretungen in den Wirkungskreis der Verwaltungs- (Polizei-) Behörden gewiesen, die auch für sämtliche in den Statuten der Munizipien (63 Komitate und 26 städtische Munizipien) und der Städte mit geregeltem Magistrat festgesetzten Übertretungen kompetent sind.

Der Umstand, daß in den einzelnen Gesetzen und Ministerialverordnungen neben den materiellrechtlichen Bestimmungen für die dort festgesetzten Übertretungen auch spezielle prozessuale Vorschriften enthalten waren, stand der Entwicklung einer einheitlichen Rechtspflege hindernd im Wege.

Der § 28 des Gesetzartikels XXXIV : 1897 (unter I) über das Inslebentreten der Strafprozeßordnung (Gesetzartikel XXXIII : 1896) erteilte dem Minister des Innern und dem Justizminister die Ermächtigung, das hinsichtlich der in den Wirkungskreis der Verwaltungsbehörden gewiesenen Übertretungsangelegenheiten zu befolgende Verfahren bis zur weiteren Verfügung der Gesetzgebung im Verordnungswege zu regeln. Bevor noch diese dem Verordnungswege vorbehaltene Regelung erfolgt ist, wurde das polizeiliche Strafverfahren im Rahmen des Gesetzartikels XX : 1901 (§§ 13—22) über die Vereinfachung des administrativen Verfahrens für die Länder der ungarischen Krone, mit Ausnahme von Kroatien-Slavonien, in seinen Grundzügen einheitlich geregelt (unter II). Der zuletzt bezogene Gesetzartikel verfügte im § 22, daß der Minister des Innern und der Justizminister die im Gesetze selbst nicht ausgeführten Details im Verordnungsweg in einem einheitlichen Regulativ festzusetzen haben werden, das — ohne die in den einzelnen Gesetzen geregelten Modalitäten des Verfahrens zu berücksichtigen — sich auf sämtliche dem Wirkungskreis der Verwaltungsbehörden zugewiesenen Übertretungsangelegenheiten erstrecken soll.

Das Regulativ, das mit Verordnung des Ministers des Innern und des Justizministers Nr. 65 000/1909 Min. d. Inn. (unter III) hinausgegeben wurde und zufolge der Verordnung des kgl. ung. Ministeriums Nr. 6989/1910 Min.-Präs. (unter IV) und der Zirkularverordnung des kgl. ungar. Ministers des Innern Nr. 165 000/1910 Min. d. Inn. (unter V) mit dem 1. Januar 1911 in Kraft getreten ist, enthält eine systematische amtliche Zusammenstellung aller einschlägigen gesetzlichen Rechtsnormen samt jenen Detailbestimmungen, die über gesetzliche Ermächtigung im Verordnungswege geregelt wurden.

Der Übersetzer.

Das polizeiliche Strafverfahren in Ungarn.

Inhaltsverzeichnis.

Siebentes Hauptstück.

Achtes Hauptstück.

Neuntes Hauptstück.

Zehntes Hauptstück.

Zweiter Titel.

Verfahren vor dem Gemeindegericht.

I.

Gesetzartikel XXXIV : 1897 über das Inslebentreten der Strafprozeßordnung.

(Sanktioniert am 25. August 1897. — Kundgemacht in „Országos Törvénytár“ am 28. August 1897.)

§ 28. Mit dem Vollzuge dieses Gesetzes werden der Justizminister und der Minister des Innern betraut.

Zugleich werden sie ermächtigt, die infolge des Inslebentretens der Strafprozeßordnung notwendigen Verordnungen und Instruktionen zu erlassen und auch das in den dem Wirkungskreis der Verwaltungsbehörden zugewiesenen Übertretungsangelegenheiten zu befolgende Verfahren bis zur weiteren Verfügung der Gesetzgebung im Verordnungswege zu regeln.

Der Justizminister wird ferner ermächtigt, in richterlichen Geschäftsführungsvorschriften und in der für die kgl. Staatsanwaltschaft hinausgegebenen Instruktion die zweckmäßig erscheinenden Modifikationen und Ergänzungen vorzunehmen und im Rahmen der staatsanwaltschaftlichen Instruktion die Dienstverhältnisse der staatsanwaltschaftlichen Bevollmächtigten zu regeln, schließlich das in den Fällen der in den Wirkungskreis der Handelsgerichte gewiesenen Vergehen zu befolgende Verfahren von neuem zu regeln.

II.

Gesetzartikel XX : 1901 über die Vereinfachung des administrativen Verfahrens (§§ 13—22).

(Sanktioniert am 27. Juli 1901. — Kundgemacht in „Országos Törvénytár" am 10. August 1901.)

II. Polizeiliche Strafgerichtsbarkeit.

§ 13. In den dem Wirkungskreis der Verwaltungsbehörden zugewiesenen Übertretungsangelegenheiten wird die polizeiliche Strafgerichtsbarkeit — bis in dieser Richtung ein besonderes Gesetz endgültig verfügt — von den folgenden Behörden ausgeübt:

I. In erster Instanz:

1. in Klein- und Großgemeinden vom Oberstuhlrichter beziehungsweise Stuhlrichter;

2 in Städten mit geregeltem Magistrat und in den mit Munizipalrecht bekleideten Städten vom Stadthauptmann beziehungsweise dessen Vertreter, im Falle ihrer Verhinderung von einem durch den Magistrat damit betrauten Beamten.

II. In zweiter Instanz:

1. in Klein- und Großgemeinden und in Städten mit geregeltem Magistrat vom Vizegespan;

2. in den mit Munizipalrecht bekleideten Städten vom Magistrat.

III. In dritter Instanz:

vom betreffenden Minister (Minister des Innern, Ackerbau-, Landesverteidigungs-, Handelsminister).

§ 14. In Feldpolizei- und Forstübertretungsfällen kann die Anzeige, wenn der Schaden oder die im § 110 des G. A. XII vom Jahre 1894 angeführte Entschädigungsgebühr den Wert von 40 Kronen nicht übersteigt, auch bei dem Gemeinderichter erstattet werden.

Auch im Falle von Übertretungen seitens der Dienstboten kann die Anzeige beim Richter solcher Gemeinden erstattet werden, deren Vorstehung oder Richter vom Komitatsmunizipium mit Genehmigung des Ministers des Innern mit der erstinstanzlichen Kompetenz in Dienstbotenangelegenheiten bekleidet worden ist.

In solchen Fällen urteilt in Großgemeinden der Richter mit einem Mitglied der Gemeindevorstehung und dem Notär oder dessen Stellvertreter; in Kleingemeinden der Richter mit zwei Mitgliedern der Gemeindevorstehung.

Das Verfahren vor dem Gemeindegericht wird durch das im Sinne des § 22 dieses Gesetzes hinauszugebende Regulativ festgestellt.

Wenn sich eine der Parteien mit dem Urteil des Gemeindegerichtes nicht zufrieden gibt, so ist die Wiederaufnahme des Verfahrens vor dem Oberstuhlrichter (Stuhlrichter) zulässig.

Das diesbezügliche Ansuchen ist binnen 15 Tagen, von dem der Verkündung oder Zustellung des gemeindegerichtlichen Urteiles folgenden Tag gerechnet, beim Gemeinderichter einzubringen.

In solchen Angelegenheiten entscheidet der Vizegespan endgültig.

§ 15. In der Haupt- und Residenzstadt Budapest wird die polizeiliche Strafgerichtsbarkeit von nachstehenden Behörden ausgeübt:

in jenen Übertretungsangelegenheiten, deren Beurteilung in erster Instanz nach den bestehenden Gesetzen, Verordnungen und Statuten gegenwärtig in die Kompetenz der kgl. ung. Staatspolizei der Haupt- und Residenzstadt gehört, in erster Instanz vom Leiter der zuständigen Polizei-Bezirkshauptmannschaft, im Falle seiner Verhinderung von dem durch den Minister des Innern auf Vorschlag des Oberstadthauptmanns betrauten Polizeibeamten; in zweiter Instanz vom Oberstadthauptmann oder seinem Stellvertreter;

in allen übrigen dem Wirkungskreis der Verwaltungsbehörden zugewiesenen Übertretungsangelegenheiten in erster Instanz von der Bezirksvorstehung, in zweiter Instanz vom Magistrat.

Als Behörde dritter Instanz fungiert der betreffende Minister.

§ 16. In den Gemeinden Ujpest und Rákospalota wird die polizeiliche Strafgerichtsbarkeit von nachstehenden Behörden ausgeübt:

in jenen Übertretungsangelegenheiten, deren Beurteilung in erster Instanz nach den bestehenden Gesetzen, Verordnungen und Statuten gegenwärtig in die Kompetenz der kgl. ung. Staatspolizei der Haupt- und Residenzstadt gehört, in erster Instanz vom Leiter der zuständigen Polizei-Bezirkshauptmannschaft, im Falle seiner Verhinderung von dem durch den Minister des Innern auf Vorschlag des Oberstadthauptmanns betrauten Polizeibeamten; in zweiter Instanz vom Oberstadthauptmann oder seinem Stellvertreter;

in allen übrigen dem Wirkungskreis der Verwaltungsbehörden zugewiesenen Übertretungsangelegenheiten in erster Instanz vom Oberstuhlrichter bezw. Stuhlrichter; in zweiter Instanz vom Vizegespan.

Als Behörde dritter Instanz fungiert der betreffende Minister.

§ 17. In solchen, mit der Verhaftung des Beschuldigten nicht verbundenen Übertretungsangelegenheiten, wo

a) die Anzeige von einer Behörde (Gemeindevorstehung), einem öffentlichen Beamten oder einem behördlichen Organ im amtlichen Wirkungskreis und auf Grund unmittelbarer Wahrnehmung erstattet wird und gegen deren Richtigkeit kein Bedenken auftaucht, oder

b) wenn die Anzeige von einer Privatperson herrührt, diese jedoch die Begehung der Übertretung mit einer öffentlichen oder Privaturkunde oder mit einem anderen Beweis glaubhaft macht und der Polizeistrafrichter von der Stichhältigkeit der Anklage überzeugt ist:

kann der Polizeistrafrichter erster Instanz, falls wegen der angezeigten Übertretung nur eine Geldstrafe zulässig ist und die Geldstrafe in einem 30 Kronen nicht übersteigenden Betrag zu bemessen wäre, gegen den Beschuldigten ohne vorhergehende Verhandlung ein Strafmandat erlassen.

§ 18. Die Bestandteile des Strafmandats und die Modalitäten für seine Erlassung werden — bei entsprechender Anwendung der Bestimmungen des § 533 des G. A. XXXIII vom Jahre 1896 über das Strafprozeßverfahren — in dem Regulativ festgestellt, welches auf Grund des § 22 des vorliegenden Gesetzes hinauszugeben sein wird.

Das Strafmandat wird von den im § 26 dieses Gesetzes bezeichneten Zustellungsbehörden oder Organen eingehändigt. Das Zustellungsorgan muß das Mandat dem Beschuldigten zu eigenen Händen übergeben, ihm dasselbe vorlesen, erklären, ihn insbesondere auf das Recht aufmerksam machen, daß er um die Abhaltung einer Verhandlung bitten (§ 19) oder appellieren (§ 20) könne und hat auf dem Zustellungsbogen zu bezeugen, daß all dies geschehen sei.

§ 19. Wenn der Beschuldigte am Tage der Zustellung des Strafmandats oder binnen 15 Tagen, von dem der Zustellung folgenden Tag gerechnet, mündlich oder schriftlich um die Verhandlung der Angelegenheit nicht ansucht oder im Sinne des § 20 eine Appellation nicht einbringt: so ist das Strafmandat zu vollstrecken. Wenn aber die Partei bittet, vom Strafmandat Umgang zu nehmen und die Verhandlung abzuhalten, so hat die Verhandlung vorschriftsmäßig stattzufinden.

Die Verfügung des Urteils kann vom Inhalt des Strafmandats abweichen.

§ 20. Wenn die Partei nicht leugnet, die der Erlassung des Strafmandats zugrunde liegende Handlung begangen zu haben, sondern bloß die Strafe oder die Höhe derselben beanständet, so kann sie gegen das Strafmandat appellieren. In diesem Fall hat das Strafmandat den Charakter eines erstinstanzlichen Übertretungsurteils.

§ 21. In sämtlichen dem Wirkungskreis der Verwaltungsbehörden zugewiesenen Übertretungsangelegenheiten beträgt die Appellationsfrist 15 Tage, von dem der Verkündung oder Zustellung folgenden Tage gerechnet.

§ 22. Die übrigen Details des polizeilichen Strafverfahrens werden, mit besonderer Rücksicht auf die Einschränkung der Berufung, in einem einheitlichen Regulativ festgestellt, das vom Minister des Innern und vom Justizminister auf Grund der im § 28 des G. A. XXXIV vom Jahre 1897 erhaltenen Ermächtigung hinausgegeben und sich — ohne die in den einzelnen Gesetzen geregelten Modalitäten des Verfahrens zu berücksichtigen — auf sämtliche dem Wirkungskreis der Verwaltungsbehörden zugewiesenen Übertretungsangelegenheiten erstrecken wird; im Rahmen desselben kann die Mitwirkung des Fiskals vom Gesichtspunkte des öffentlichen Interesses in Anspruch genommen werden.

Die erlassenen Verordnungen, desgleichen die eine eventuelle Abänderung derselben enthaltenen Nachtragsverordnungen sind der Gesetzgebung anzumelden.

III.

Verordnung des kgl. ung. Ministers des Innern und des kgl. ung. Justizministers Nr. 65000/1909 Min. d. Inn. betreffend die einheitliche Regelung des polizeilichen Strafverfahrens.

(Kundgemacht in „Belügyi Közlöny" Nr. 42 vom 1. Oktober 1909.)

Auf Grund der im § 28 des G. A. XXXIV vom Jahre 1897 über das Inslebentreten der Strafprozeßordnung und der im § 22 des G. A. XX vom Jahre 1901 über die Vereinfachung des administrativen Verfahrens enthaltenen Ermächtigung wird das polizeiliche Strafverfahren bezüglich der in den Wirkungskreis der Verwaltungsbehörden gewiesenen sämtlichen Übertretungsangelegenheiten wie folgt geregelt.

Erster Titel.

Verfahren vor den Polizeistrafgerichten.

Erstes Hauptstück.

Allgemeine Bestimmungen.

1. Behörden, Wirkungskreis und Zuständigkeit.

§ 1. Die Strafgerichtsbarkeit in den zum Wirkungskreis der Polizeistrafgerichte gewiesenen Übertretungssachen (§ 2) wird im Sinne der §§ 13, 15 und 16 des G. A. XX : 1901 über die Vereinfachung des administrativen Verfahrens ferner in Gemäßheit des G. A. VIII : 1903 über die Grenzpolizei von den folgenden Behörden ausgeübt:

I. In erster Instanz:

1. in Klein- und Großgemeinden von dem Oberstuhlrichter bzw. dem Stuhlrichter;

2. in den Städten mit geregeltem Magistrat und in den mit Munizipalrecht bekleideten Städten vom Stadthauptmann bzw. seinem Stellvertreter, im Falle ihrer Verhinderung von einem vom Magistrat damit betrauten Beamten;

3. in der Haupt- und Residenzstadt Budapest und auf dem Gebiet, auf das die Kompetenz der kgl. ung. Staatspolizei überdies sich erstreckt:

a) in Übertretungssachen, deren Austragung in erster Instanz nach den bestehenden Gesetzen, Verordnungen und Statuten gegenwärtig zum Wirkungskreis der kgl. ung. Staatspolizei der Haupt- und Residenzstadt gehört, von dem Leiter der zuständigen Polizei-Bezirkshauptmannschaft, im Falle seiner Verhinderung von einem vom Minister des Innern damit betrauten Polizeibeamten;

b) in allen übrigen in den Wirkungskreis der Verwaltungsbehörden gewiesenen Übertretungssachen in der Haupt- und Residenzstadt Budapest von der Bezirksvorstehung bzw. in dem außerhalb Budapest liegenden Amtssprengel der Staatspolizei der Haupt- und Residenzstadt von der nach Punkt I, 1 und 2 berufenen Behörde;

4. in dem Amtshandlungssprengel der Grenzpolizei in jenen Übertretungssachen, die nach den bestehenden Gesetzen zum Wirkungskreis der Grenzpolizei gehören, von dem Grenzpolizeihauptmann bzw. einem vom Minister des Innern ermächtigten Beamten.

Von den im Punkt I, 3a) bezeichneten Angelegenheiten haben in Übertretungssachen der jugendlichen Beschuldigten, desgleichen in Fällen der Landstreicherei, des Bettelns, weiters in Fällen der Übertretung der Ausweisungsverfügung sowie der Nichteinhaltung der die Prostituierten betreffenden behördlichen Vorschriften die Leiter der vom Minister des Innern bestimmten Polizei-Bezirkshauptmannschaften, im Falle ihrer Verhinderung die vom Minister des Innern betrauten Polizeibeamten vorzugehen.

II. In zweiter Instanz:

1. in Klein- und Großgemeinden und in den Städten mit geregeltem Magistrat vom Vizegespan;

2. in den mit Munizipalrecht bekleideten Städten vom Stadtmagistrat;

3. im Amtssprengel der kgl. ung. Staatspolizei der Haupt- und Residenzstadt:

a) in den im Punkt I, 3a) bezeichneten Fällen vom Oberstadthauptmann der kgl. ung. Staatspolizei der Haupt- und Residenzstadt oder seinem Stellvertreter;

b) in den im Punkt I, 3b) bezeichneten Fällen in der Haupt- und Residenzstadt Budapest vom Stadtmagistrat bzw. in dem außerhalb Budapest liegenden Amtssprengel der Staatspolizei der Haupt- und Residenzstadt vom Vizegespan;

4. hinsichtlich der in Übertretungssachen erbrachten Beschlüsse der Grenzpolizei in Klein- und Großgemeinden und in Städten mit geregeltem Magistrat vom Vizegespan, in den mit Munizipalrecht bekleideten Städten vom Stadtmagistrat.

III. In dritter Instanz:

Von dem betreffenden Minister, in dessen Wirkungskreis die Entscheidung der Übertretungssache in letzter Instanz von einem Gesetz oder einer auf Grund gesetzlicher Ermächtigung hinausgegebenen Verordnung gewiesen ist.

In jenen Übertretungssachen, deren Entscheidung in dritter Instanz nicht ausdrücklich an einen andern Minister gewiesen ist, wird die Gerichtsbarkeit in dritter Instanz vom Minister des Innern ausgeübt.

§ 2. Dem polizeilichen Strafverfahren und dem Wirkungskreis der Verwaltungsbehörden als Polizeistrafgerichte sind zugewiesen, sofern das in dem zweiten Titel dieser Verordnung geregelte Verfahren vor dem Gemeindegerichte nicht platzgreift:

1. von den im G. A. XL : 1879 festgesetzten Übertretungen die in den Punkten 1 und 2 des § 19 des G. A. XXXIV : 1897 aufgezählten Übertretungen;

2. jene Übertretungen, die durch andere Gesetze in den Wirkungskreis der Verwaltungsbehörden gewiesen sind;

3. die in den Ministerialverordnungen bestimmten Übertretungen, sofern sie nicht ausdrücklich in den Wirkungskreis der kgl. Bezirksgerichte gewiesen sind;

4. die in den Statuten der Munizipien und der Städte bestimmten Übertretungen (Punkte 3 und 4 des § 1 des G. A. XL : 1879).

§ 3. Die Behörde hat von Amts wegen zu prüfen, ob die Angelegenheit zu ihrem Wirkungskreis und ihrer Zuständigkeit gehört.

Auch das nicht zuständige Polizeistrafgericht ist verpflichtet, in seinem Sprengel jene Amtshandlungen anzuordnen und durchzuführen, bei welchen Gefahr am Verzug ist.

§ 4. Für das Verfahren ist in der Regel jenes Polizeistrafgericht zuständig, in dessen Sprengel der Beschuldigte die Übertretung begangen hat.

Wenn die Übertretung in Sprengeln mehrerer Polizeistrafgerichte oder an der Grenze mehrerer Polizeistrafgerichte begangen wurde, oder wenn es unbestimmt ist, in welchem Sprengel die Übertretung begangen wurde, so ist jenes Polizeistrafgericht zuständig, in dessen Sprengel die Übertretung vollendet wurde, oder das in der Übertretungssache dem andern Polizeistrafgericht durch eine Verfügung oder einen Beschluß zuvorgekommen ist.

Das Polizeistrafgericht, in dessen Sprengel der Beschuldigte wohnt oder sich aufhält, wird auch für die Entscheidung einer im Sprengel eines andern Polizeistrafgerichtes begangenen Übertretung zuständig, wenn die Übertretung bei ihm angezeigt wurde und der Angezeigte binnen 3 Tagen, von der Mitteilung der ersten behördlichen Verfügung gerechnet, spätestens aber bis zu seinem ersten Verhör keine Zuständigkeitseinwendung erhoben hat. Die Einwendung kann auf dem Zustellungsschein angemerkt werden.

Das nach dem Begehungsort zuständige Polizeistrafgericht kann die ihm abgetretene Übertretungssache nicht zurückweisen.

Die Vorschriften dieses § berühren nicht die Bestimmungen einzelner Gesetze, durch die eine Ausnahmszuständigkeit festgesetzt wird.

§ 5. Auf Grund gegenseitiger Verletzung ist bis zur Beendigung der Verhandlung zur Entscheidung über die vom Beschuldigten erhobenen Gegenanklage das amtshandelnde Polizeistrafgericht zuständig, wenn die Gegenanklage seinen Wirkungskreis nicht überschreitet.

Das Polizeistrafgericht kann solche Angelegenheiten gemeinsam verhandeln und entscheiden.

Das Fallenlassen der Anklage der einen Partei hindert nicht die Entscheidung der Anklage der andern Partei.

§ 6. Das Gericht des Täters ist auch hinsichtlich des Teilnehmers zuständig.

§ 7. Die gegen den Beschuldigten bei demselben Polizeistrafgericht anhängigen Übertretungssachen sind behufs gemeinsamer Verhandlung und Entscheidung nach Möglichkeit zu vereinigen.

Wenn es auf Grund des Zusammenhanges der Übertretungssachen oder aus einem andern Grund notwendig erscheint, dürfen auch Übertretungssachen vereinigt werden, die gegen den Beschuldigten bei mehreren Polizeistrafgerichten des gleichen Wirkungskreises anhängig sind.

Zu der Vereinigung und dem weiteren Verfahren ist jenes Polizeistrafgericht befugt, das hinsichtlich der strenger zu bestrafenden Übertretung zuständig ist und im Falle eines Zweifels, das den anderen zuvorgekommen ist.

Das Polizeistrafgericht ist befugt, von der Vereinigung Umgang zu nehmen oder sie aufzuheben.

Gegen den in der Frage der Vereinigung sowie der Umgangnahme oder der Aufhebung derselben erbrachten Bescheid ist ein Rekurs nicht zulässig.

Das Polizeistrafgericht erster Instanz darf mit der bei ihm anhängigen Angelegenheit keine solche Angelegenheit vereinigen, in der das Polizeistrafgericht erster Instanz bereits ein Urteil oder einen Einstellungsbescheid erbracht hat.

§ 8. Wenn dem Täter oder dem Teilnehmer auch eine zum Wirkungskreis der kgl. Gerichte gehörende strafbare Handlung zur Last fällt, die mit der bei dem Polizeistrafgericht anhängigen Übertretungssache in unzertrennlichem Zusammenhange steht, und in der das kgl. Gericht noch kein Urteil bzw. keinen Einstellungsbescheid erbracht hat: so ist die Angelegenheit ohne Entscheidung der Übertretung an die zuständige kgl. Staatsanwaltschaft oder das zuständige kgl. Bezirksgericht abzutreten. Von der Abtretung ist Abstand zu nehmen, wenn die zum Wirkungskreis des kgl. Gerichtes gehörende Handlung auf Privatantrag zu verfolgen ist und der Antrag des Berechtigten fehlt.

Wenn zwischen den Angelegenheiten ein Zusammenhang im Sinne des vorhergehenden Absatzes nicht vorhanden ist, oder wenn Anzeichen einer in den Wirkungskreis der kgl. Gerichte gewiesenen strafbaren Handlung nicht gegen den Täter oder den Teilnehmer der Übertretung, sondern gegen eine andere Person vorliegen: so hat das Polizeistrafgericht von der Abtretung Umgang zu nehmen und sofern es wegen Einleitung des Verfahrens notwendig ist, die kgl. Staatsanwaltschaft oder das kgl. Bezirksgericht bei Übersendung der beglaubigten Abschriften der bezughabenden Akten zu verständigen.

In dieser Weise ist vorzugehen, wenn Anzeichen einer nicht zum polizeilichen Strafverfahren gehörenden solchen Handlung aufkommen, die eine zum Wirkungskreis oder zur Zuständigkeit einer andern Verwaltungsbehörde gehörende administrative Verfügung erheischt.

§ 9. Wenn das kgl. Gericht eine zum Wirkungskreis des Polizeistrafgerichtes gehörende Übertretungssache, die auf Grund des Zusammenhanges der Angelegenheiten oder wegen der strengeren Qualifikation vor dasselbe gelangte, zur Entscheidung dem Polizeistrafgericht überläßt: so kann das letztere die Angelegenheit nicht zurückweisen.

§ 10. Über die zwischen Polizeistrafgerichten erster Instanz sich ergebenden Wirkungskreis- und Zuständigkeitsstreitigkeiten entscheidet die Behörde zweiter Instanz endgültig, wenn sie die gemeinsame Berufungsinstanz der Polizeistrafgerichte erster Instanz ist. Wenn der Streit zwischen Behörden zweiter Instanz oder zwischen solchen Polizeistrafgerichten erster Instanz entsteht, die verschiedenen Behörden zweiter Instanz unterstellt sind: so entscheidet der zur Entscheidung der Angelegenheit in dritter Instanz berufene Minister; wenn in der Angelegenheit zur Amtshandlung in dritter Instanz mehrere Minister berufen sind, oder wenn der Streit zwischen Behörden dritter Instanz entsteht: so wird der Streitfall von diesen Ministern im Einvernehmen entschieden; kann ein Einverständnis nicht erzielt werden, so entscheidet der Ministerrat.

§ 11. In den zwischen den Verwaltungsbehörden als Polizeistrafgerichten und den ordentlichen (königlichen) Gerichten oder dem Verwaltungsgerichtshof entstehenden Kompetenzstreitigkeiten entscheidet in Gemäßheit des G. A. LXI : 1907[1]) das Kompetenzgericht.

§ 12. Die nächst höhere Berufungsinstanz delegiert auf Antrag irgend einer der Parteien oder über begründetes Einschreiten des Polizeistrafgerichtes statt des zuständigen Polizeistrafgerichtes von den ihr unterstellten Polizeistrafgerichten ein anderes Gericht des gleichen Wirkungskreises:

1. wenn die zuständige Behörde wegen eines Ausschließungsgrundes nicht vorgehen kann (§§ 39, 42);

2. wenn von der zuständigen Behörde ein unparteiisches Vorgehen oder ein solcher Beschluß nicht erwartet werden kann (§§ 40—42).

Auf begründeten Antrag des Fiskals, des Fachvertreters oder des Polizeistrafgerichtes kann ein anderes Polizeistrafgericht auch

---

[1]) G. A. LXI : 1907, § 2: „Präsident des Kompetenzgerichtes ist von drei zu drei Jahren abwechselnd der Präsident der kgl. ung. Kurie und der Präsident des kgl. ung. Verwaltungsgerichtshofes. Das Amt des Präsidenten bekleidet in den ersten drei Jahren der Präsident der kgl. ung. Kurie."

§ 3: „Mitglieder des Kompetenzgerichtes sind: außer dem Präsidenten je acht Richter der kgl. ung. Kurie und des kgl. ung. Verwaltungsgerichtshofes (Senatspräsident, Kurialrichter, Verwaltungsrichter).

Die Richter werden von der kgl. ung. Kurie und dem kgl. ung. Verwaltungsgerichtshof aus der Reihe der eigenen Mitglieder in Plenarsitzungen mit geheimer Abstimmung auf drei Jahre gewählt."

dann delegiert werden, wenn dies im Interesse der öffentlichen Ruhe oder der öffentlichen Sicherheit notwendig erscheint.

Wenn an Stelle der Behörde zweiter Instanz eine andere delegiert werden soll oder wenn keines von den derselben Behörde zweiter Instanz unterstellten Polizeistrafgerichten delegiert werden kann: so entscheidet in der Frage der Delegierung der zur Entscheidung der Übertretungssache in dritter Instanz berufene Minister; wenn dazu mehrere Minister berufen wären, entscheiden diese im Einvernehmen. Wenn ein Einverständnis nicht erzielt wurde oder wenn an Stelle der Behörde dritter Instanz eine andere delegiert werden soll, entscheidet der Ministerrat.

Das Delegierungsrecht hinsichtlich der Grenzpolizei wird vom Minister des Innern ausgeübt.

§ 13. Wegen einer im Ausland begangenen Übertretung darf das Verfahren in der Regel nicht eingeleitet werden.

Wenn nach einem Gesetz auch die im Ausland begangene Übertretung strafbar ist und das Gesetz nicht festsetzt, welches Polizeistrafgericht für das Verfahren zuständig ist: ist jenes Polizeistrafgericht zuständig, in dessen Sprengel der Beschuldigte wohnt oder sich aufhält oder sein Geschäftshauptlager besitzt; ist ein solcher Ort nicht vorhanden, so ist jenes Polizeistrafgericht zuständig, in dessen Sprengel der Beschuldigte zustandegebracht oder bei welchem die Übertretung zur Anzeige gebracht wurde.

Wenn eine im vorhergehenden Absatz erwähnte Übertretung zur offenen See oder im Ausland auf einem Schiff begangen wurde: so ist jenes Polizeistrafgericht zuständig, in dessen Sprengel der Beschuldigte zustandegebracht wurde.

§ 14. Gegen eine Person der bewaffneten Macht und der Gendarmerie, die den militärischen Straf- und Disziplinarvorschriften unterworfen ist, kann das Polizeistrafgericht wegen einer Übertretung, die diese Person während der Zeit begeht, da sie im Sinne des Gesetzes den militärischen Straf- und Disziplinarvorschriften untersteht, in der Regel nicht vorgehen. Das Polizeistrafgericht hat vielmehr die Anzeige über eine solche Übertretung samt den mit Beschlag belegten corpora delicti und den Aktenstücken dem vorgesetzten Kommando des Beschuldigten zu übersenden und hievon den Anzeiger zu verständigen.

Sobald der Beschuldigte den militärischen Straf- und Disziplinarvorschriften nicht mehr untersteht, kann das Polizeistrafgericht gegen ihn das Verfahren wegen einer solchen Übertretung nur in dem Falle einleiten, wenn das vorgesetzte Kommando oder das zuständige Militärgericht seinerzeit im Gegenstand der Übertretung keine Verfügung getroffen hat und die Verjährung noch nicht eingetreten ist.

Unter die Regel des ersten Absatzes fallen: Die in aktiver Dienstleistung stehenden Personen der bewaffneten Macht und der Gendarmerie während der Dauer ihrer aktiven Dienstleistung; weiter die zum nichtaktiven Stande[1]) der bewaffneten Macht gehörigen Personen vom Tage der Zustellung oder der legalen Verlautbarung des Einberufungsbefehles oder wenn die Einberufung auf einen bestimmten Tag lautet, von diesem Tage an; wenn jedoch die Präsentierung früher erfolgt ist, vom Tage der Präsentierung; desgleichen von diesem Tage diejenigen, die freiwillig in die aktive Dienstleistung treten; ferner Personen des nichtaktiven Standes hinsichtlich solcher militärisch zu bestrafender Übertretungen, die sie während der Kontrollversammlung (des Hauptrapportes) oder in ihrer Eigenschaft als Offiziere (Militärbeamte) in militärischer Uniform begangen haben.

Wegen Übertretungen, die vor den erwähnten Zeitpunkten begangen wurden sowie wegen der von einer Person des nichtaktiven Standes während der Kontrollversammlung (des Hauptrapportes) oder in ihrer Eigenschaft als Offizier (Militärbeamte) in militärischer Uniform begangenen solchen Übertretungen, die militärisch nicht strafbar sind, weiter wegen Übertretungen, die nach dem vorschriftsmäßigen Austritt aus dem aktiven Dienste beziehungsweise aus der ärarischen Verpflegung begangen wurden, haben die Polizeistrafgerichte vorzugehen.

Wenn ein Zweifel entsteht, ob das Polizeistrafgericht gegen den Beschuldigten im Sinne dieses Paragraphen vorgehen kann, ist an den Minister des Innern zu berichten.

§ 15. Wenn dem Beschuldigten die Begünstigung der Exterritorialität oder der persönlichen Befreiung zukommt oder wenn diesbezüglich ein Zweifel entsteht, so ist über den Fall vor Einleitung

---

[1]) Nach dem G.A. XXXII : 1912 (über die Militärstrafprozeßordnung für die gemeinsame Wehrmacht) ist hinsichtlich des Beginnes der Militärgerichtsbarkeit für die Personen des nichtaktiven Standes nicht mehr der Tag der Zustellung oder legalen Verlautbarung des Einberufungsbefehles bzw. der Tag, für welchen die Einberufung lautet, sondern jedesmal der faktische Antritt der militärischen Dienstleistung entscheidend.

§ 11 dieses G.A. lautet: „Der Heeresstrafgerichtsbarkeit sind wegen aller den Gerichten zur Aburteilung zugewiesenen strafbaren Handlungen, mit Ausnahme der Gefällsübertretungen, unterstellt:

8. alle aus der aktiven Dienstleistung entwichenen Deserteure, die zur Zeit ihrer Entweichung der Heeresstrafgerichtsbarkeit unterstanden, ...“

§ 12 dieses G.A. lautet: „Die Heeresstrafgerichtsbarkeit erstreckt sich für die im § 11 erwähnten Personen nur auf diejenigen strafbaren Handlungen, die sie während der Dauer des diese Strafgerichtsbarkeit begründenden Verhältnisses begangen haben.

Die zu einem gesetzlichen oder freiwillig übernommenen aktiven (Präsenz-) Dienste in der gemeinsamen Wehrmacht verpflichteten Personen treten daher wegen einer vor dem Antritte dieser aktiven Dienstleistung (Präsentierung) begangenen strafbaren Handlung nicht unter die Heeresstrafgerichtsbarkeit.

Gleiches gilt auch für alle Personen der Reserve, der Ersatzreserve, der Seewehr und des Landsturmes, die zur Waffen- oder Dienstübung, zur ersten militärischen Ausbildung oder zu einer andern militärischen Dienstleistung oder zur besonderen Dienstleistung für Kriegszwecke einberufen werden, wegen aller vor dem Antritte dieser Dienstleistung (Präsentierung, Musterung) begangenen strafbaren Handlungen.“ (Analog §§ 11 und 12 des G. A. XXXIII : 1912 über die Militärstrafprozeßordnung für die kgl. ung. Landwehr.)

des Verfahrens, oder wenn dieses bereits eingeleitet worden ist, bei Aussetzung desselben an den Minister des Innern sogleich zu berichten.

Auf dem Gebiet der Länder der heiligen ungarischen Krone kommt die Exterritorialität in Gemäßheit des Völkerrechtes folgenden Personen zu: den fremden Staatsoberhäuptern und ihrer Begleitung (den Mitgliedern ihrer Familien und ihrer sonstigen Begleitung), weiters den bei Seiner kaiserlichen und königlichen apostolischen Majestät oder bei dem gemeinsamen Minister des Äußern akkreditierten diplomatischen Vertretern, den Mitgliedern der diplomatischen Mission, die Militär- und die technischen Attachees inbegriffen, sowie den mit ihnen wohnenden Familienmitgliedern aller dieser Personen; schließlich auch den Mitgliedern des zur diplomatischen Mission gehörigen sonstigen Personals, diesen jedoch in der Regel nur dann, wenn sie Angehörige des betreffenden ausländischen Staates sind. Die persönliche Befreiung kommt den auf dem Gebiet der Länder der heil. ung. Krone tätigen Konsularbeamten einzelner ausländischer Staaten zu, wenn diese Beamten Angehörige des betreffenden ausländischen Staates sind.

Über das Bestehen und den Umfang der Exterritorialität und der persönlichen Befreiung entscheidet auf Grund der internationalen Verträge und der Gepflogenheit der Minister des Innern.

§ 16. Gegen Mitglieder des Reichstages und der zur Verhandlung der gemeinsamen Angelegenheiten entsendeten Delegationen darf das Verfahren vor der im Sinne der bestehenden Rechtsnormen erforderlichen Aufhebung des Immunitätsrechtes nicht eingeleitet bzw. das bereits eingeleitete Verfahren nicht fortgesetzt werden.

Wegen Aufhebung des Immunitätsrechtes ist das Ersuchen kompetenten Orts vom Munizipaloberfiskal (Fiskal) einzubringen. Um die Aufhebung des Immunitätsrechtes ist bei Aussetzung des Verfahrens von neuem zu ersuchen, wenn der Beschuldigte im Laufe des Verfahrens die Mitgliedschaft des Reichstages verloren und diese von neuem erlangt hat, oder wenn an ihm die festgesetzte Arreststrafe vollzogen werden soll.

Dem Ansuchen ist die Anzeige oder der Privatantrag, die über die Aussage der etwa vorläufig vernommenen Zeugen aufgenommenen Protokolle und die auf den Fall bezughabenden sonstigen Akten beizulegen.

2. Die an dem Verfahren beteiligten Personen; Anklage und Verteidigung.

§ 17. Parteien sind im Sinne des ersten Titels dieser Verordnung: die zur Vertretung der Anklage berufenen Personen und der Beschuldigte.

Zur Vertretung der Anklage sind berufen: in Fällen der von Amts wegen zu verfolgenden Übertretungen der Fiskal[1]), der Fach-

[1]) Der Oberfiskal und die Vizefiskale sind Rechtskonsulenten des Munizipiums; sie werden durch die Generalversammlung des Munizipalausschusses auf sechs Jahre gewählt (§§ 70 und 79 des G.A. XXI: 1886 über die Munizipien).

vertreter und der Verletzte; in Fällen der auf Privatantrag zu verfolgenden Übertretungen der Verletzte als Privatankläger.

Unter Fiskalen sind nach dieser Verordnung die zur Vertretung der öffentlichen Anklage in Gemäßheit des § 20 berechtigten Munizipalfiskale, städtischen Fiskale (Vizefiskale) und die fiskalischen Bevollmächtigten zu verstehen.

Fachvertreter sind: jene Körperschaften, Ausschüsse und Organe, die durch besondere Gesetze oder Ministerialverordnungen zur Vertretung des öffentlichen Interesses in Sanitäts- und Wirtschaftsangelegenheiten, in Angelegenheiten des allgemeinen Verkehrs oder in sonstigen besonderen öffentlichen Angelegenheiten berechtigt sind. Der Minister des Innern teilt das Verzeichnis der Fachvertreter von Zeit zu Zeit den Polizeistrafgerichten im Verordnungswege mit.

Verletzter ist derjenige, dessen irgend ein Recht durch die begangene Übertretung verletzt oder gefährdet wurde. Unter dem Verletzten ist auch der gesetzliche Vertreter des minderjährigen oder unter Kuratel stehenden Verletzten sowie der verletzten juristischen Person zu verstehen.

Beschuldigter ist derjenige, gegen den das polizeiliche Strafverfahren im Zuge ist.

Zum Privatantrag ist jener Verletzte berechtigt, von dessen Antrag die Einleitung des Strafverfahrens abhängt.

Anzeiger ist jener, der irgend eine Übertretung zur Kenntnis der Behörde bringt.

§ 18. Die hiezu Berechtigten können die Anklage im Verfahren vertreten: sie üben in Vertretung der Anklage die in dieser Verordnung festgesetzten Rechte aus.

§ 19. Der Umstand, daß in Vertretung der Anklage mittlerweile ein anderer hierzu Berechtigter auftrat, ändert nichts an der Wirksamkeit der früher durchgeführten richterlichen Handlungen und der Anträge und Erklärungen, die in Vertretung der Anklage vorher gestellt bzw. abgegeben wurden.

Fiskal.

§ 20. Die öffentliche Anklage vor den in ihrem Amtssprengel tätigen Polizeistrafgerichten wird von den Munizipalfiskalen und den städtischen Fiskalen bzw. vor der kgl. ung. Staatspolizei von den vom Minister des Innern ernannten fiskalischen Bevollmächtigten vertreten.

Die Diensteinteilung der Munizipalfiskale in bezug auf die Vertretung der öffentlichen Anklage verfügt nach Anhörung des Oberfiskals der Munizipalausschuß. Provisorisch, bis zur Anordnung des Munizipalausschusses verfügt der erste Beamte des Munizipiums.

In den Städten mit geregeltem Magistrat bestellt die Stadtbehörde den zur Vertretung der öffentlichen Anklage berufenen Fiskal; die Bestellung ist dem Munizipaloberfiskal zu melden.

Mit der Vertretung der öffentlichen Anklage können auch Titularfiskale betraut werden.

Zur Vertretung der öffentlichen Anklage können mit Bewilligung des Ministers des Innern auch fiskalische Bevollmächtigte herangezogen werden.

In Übertretungssachen, die in den Wirkungskreis der Grenzpolizei gewiesen sind, bestimmt der Minister des Innern die in Vertretung der öffentlichen Anklage vorgehenden Munizipal- oder städtischen Fiskale; er kann zur Vertretung der öffentlichen Anklage auch fiskalische Bevollmächtigte bestellen.

Die auf die Vertretung der öffentlichen Anklage bezughabende Betrauung kann von den fiskalischen Bevollmächtigten und den Titularfiskalen jederzeit zurückgezogen werden.

§ 21. Als fiskalische Bevollmächtigte können nur Advokaten, Advokaturskandidaten, die Doktoren der Rechte oder der Staatswissenschaften oder im öffentlichen Verwaltungsdienst stehende oder aus dem öffentlichen Dienst getretene solche Beamten fungieren, die zumindest die rechts- oder staatswissenschaftliche Staatsprüfung abgelegt haben und ein Jahr lang im polizeilichen, administrativen oder gerichtlichen Dienst gestanden sind.

§ 22. Die Fiskale, mit Ausnahme der vom Minister des Innern zu der kgl. ung. Staatspolizei und der Grenzpolizei bestellten fiskalischen Bevollmächtigten, stehen hinsichtlich der Vertretung der öffentlichen Anklage unter Aufsicht und Kontrolle des Munizipaloberfiskals, der befugt ist, ihnen bindende Weisungen zu erteilen und in Vertretung der öffentlichen Anklage an ihrer Stelle vorzugehen.

Bezüglich der zur kgl. ung. Staatspolizei und der Grenzpolizei bestellten fiskalischen Bevollmächtigten werden die dem Munizipaloberfiskal zukommenden Befugnisse von dem vom Minister des Innern als Leiter bestimmten fiskalischen Bevollmächtigten ausgeübt.

§ 23. Der Fiskal kann in Vertretuug der Anklage aus öffentlichem Interesse in allen von Amts wegen zu verfolgenden Übertretungsfällen vorgehen.

Der Fiskal ist befugt, in die Akten Einsicht zu nehmen, Anträge zu stellen, an der Verhandlung teilzunehmen und gegen die Beschlüsse Rechtsmittel einzulegen.

§ 24. Dem Fiskal sind von Amts wegen mitzuteilen:

1. sämtliche Anzeigen oder deren beglaubigte Abschriften, die eine von Amts wegen zu verfolgende Übertretung betreffen, auf die Arrest bis zu fünfzehn Tagen oder eine noch strengere Strafe gesetzt ist;

2. sämtliche in erster oder zweiter Instanz gefällten Urteile, Einstellungsbescheide sowie sämtliche entgegen dem Antrag des Fiskals erbrachten Beschlüsse, die eine im Punkt 1 bestimmte Übertretung betreffen;

3. sämtliche betreffs einer von Amts wegen zu verfolgenden Übertretung gefällten Urteile, in denen der bedingte Aufschub des Vollzuges der verhängten Strafe ausgesprochen wurde;

4. sämtliche betreffs einer von Amts wegen zu verfolgenden Übertretung im Falle der Wiederaufnahme erbrachten Beschlüsse, die von den im Grundprozeß erbrachten rechtskräftigen Beschlüssen abweichen;

5. sämtliche Beschlüsse, die in der Frage der Zusammenfassung mehrerer mit einzelnen rechtskräftigen Urteilen verhängten Arreststrafen in eine Gesamtstrafe erbracht werden (§ 226).

Dem Fiskal sind auf sein Verlangen auch auf andere Übertretungen bezughabende Anzeigen und Beschlüsse mitzuteilen.

Das Polizeistrafgericht ist befugt, dem Fiskal überdies alle jene Anzeigen und Beschlüsse mitzuteilen, die eine von Amts wegen zu verfolgende Übertretung betreffen und deren Mitteilung aus öffentlichem Interesse wünschenswert erscheint.

Die Mitteilung der im Punkt 1 erwähnten Anzeige ist nicht erforderlich, wenn diese von dem Fachvertreter erstattet wurde. Weiters kann von der Mitteilung der in den Punkten 2 und 4 bezeichneten Beschlüssen Abstand genommen werden, wenn der Fachvertreter oder der Verletzte gegen sie die Berufung ergriff, es wäre denn, daß der Fiskal ihre Mitteilung begehrt hat.

§ 25. In dringenden Fällen darf die Anzeige dem Fiskal auch auf telegraphischem oder telephonischem Weg mitgeteilt werden. Die erfolgte Mitteilung und die Antwort des Fiskals ist in den Akten aufzuzeichnen.

§ 26. Der Fiskal hat die ihm im Original oder in beglaubigter Abschrift oder telegraphisch mitgeteilte Anzeige zu vidieren und spätestens binnen drei Tagen, in dringenden Fällen unverzüglich, nebst seinem etwaigen Antrag dem Polizeistrafgericht zurückzusenden; er hat weiters, falls er in Vertretung der Anklage vorzugehen wünscht, zu erklären, ob er seine Ladung zur Verhandlung, oder in jenen Fällen, wo das Urteil oder der Einstellungsbescheid ihm in Gemäßheit des § 24 von Amts wegen nicht mitzuteilen ist, die Mitteilung dieser Beschlüsse begehrt.

§ 27. Der in Vertretung der Anklage vorgehende Fiskal kann auf die Vertretung der Anklage bis zum Abschluß der Verhandlung jederzeit verzichten, wenn die Handlung nach seiner Überzeugung nicht bestraft oder der für den Erfolg des Verfahrens erforderliche Beweis nicht beschaffen werden kann.

Der Verzicht des Fiskals auf die Vertretung der Anklage hindert nicht die Fortsetzung des Verfahrens.

§ 28. Die Fälle, wo die Mitwirkung des Fiskals als öffentlichen Anklägers erforderlich ist, sowie die näheren Vorschriften der Vertretung der Anklage in diesen Fällen werden in einer besonderen Verordnung festgesetzt.

§ 29. Die mit der Vertretung der öffentlichen Anklage aufgelaufenen Kosten dürfen gegenüber den Parteien nicht festgesetzt werden. Die zufolge der Vertretung der öffentlichen Anklage aufgelaufenen Kosten dürfen, solange dies in einer diesbezüglich hinauszugebenden Verordnung nicht geregelt werden wird, auch gegenüber der Kasse der Behörde nicht aufgerechnet werden.

Fachvertreter.

§ 30. Der Fachvertreter kann in Vertretung der Anklage wegen einer jeden den von ihm vertretenen Interessenkreis berührenden, von Amts wegen zu verfolgenden Übertretung vorgehen und übt dieselben Rechte (§ 23, § 24, Absatz 2, §§ 25 und 27) aus, wie der Fiskal.

Wenn aber der Fiskal in Vertretung der Anklage vorgeht, kommt dem Fachvertreter in Vertretung der Anklage bloß ein Aushilfswirkungskreis zu; er ist zu diesem Behufe befugt, in die Akten Einsicht zu nehmen, an der Verhandlung teilzunehmen, im Gegenstand der Anklage ergänzende oder Ersatzanträge zu stellen und gegen die Beschlüsse die zulässigen Rechtsmittel einzulegen.

Verletzter.

§ 31. Der Verletzte kann die Anklage wegen einer jeden von Amts wegen zu verfolgenden Übertretung bis zum Abschluß der Verhandlung vertreten und übt dieselben Rechte aus, die im Falle einer auf Privatantrag zu verfolgenden Übertretung dem Verletzten als Privatankläger zukommen (§§ 32, 33), er kann jedoch die Anklage wirksam nicht fallen lassen; sein Verzicht auf die Vertretung der Anklage hindert die Einleitung oder Fortsetzung des Verfahrens nicht.

Wenn die Anklage von dem Fiskal oder dem Fachvertreter vertreten wird, kommt dem Verletzten nur ein Aushilfswirkungskreis zu; er ist zu diesem Behufe berechtigt, in die Akten bei dem Polizeistrafgericht erster Instanz Einsicht zu nehmen, er ist zu jeder Verhandlung vorzuladen und kann im Gegenstand der Anklage ergänzende oder Ersatzanträge stellen und gegen die Beschlüsse die zulässigen Rechtsmittel einlegen.

Dem Verletzten kommen die im vorhergehenden Absatz bestimmten Rechte auch zur Geltendmachung seiner privatrechtlichen Ansprüche zu, er ist überdies berechtigt, zum Beweis seiner privatrechtlichen Ansprüche Daten anzugeben und Anträge zu stellen.

Privatankläger.

§ 32. Im Falle einer auf Privatantrag zu verfolgenden Übertretung wird die Anklage von dem Verletzten als Privatankläger vertreten.

Der Privatankläger ist berechtigt, in die Akten bei dem Polizeistrafgericht erster Instanz Einsicht zu nehmen, er ist zu jeder Verhandlung vorzuladen, er ist weiters berechtigt, Anträge zu stellen, seine Anklage vor Verkündung des Urteils fallen zu lassen und gegen die Beschlüsse die zulässigen Rechtsmittel einzulegen.

Wenn der Privatankläger seine Anklage fallen gelassen hat, ist das Verfahren einzustellen (§ 151, Punkt 1).

Die Anklage ist als von Seite des Privatanklägers fallengelassen anzusehen, wenn er seinen Privatantrag zurückzieht, die Einstellung des polizeilichen Strafverfahrens beantragt, oder auf die Vertretung der Privatanklage verzichtet, desgleichen wenn bei der Verhandlung ungeachtet der Vorladung weder er persönlich noch sein Bevollmächtigter erschienen ist, oder wenn er eine Frist, die für ihn bei sonstiger Einstellung des Verfahrens eingeräumt wurde, versäumt hat und sein Nichterscheinen oder seine Versäumnis vorher nicht entschuldigt hat.

Im Falle des Ablebens des Privatanklägers können seine Verwandten in auf- und absteigender Linie, seine Geschwister, sein Ehegatte oder seine Erben binnen fünfzehn Tagen von dem Ableben gerechnet die Aufrechterhaltung der Anklage anmelden.

§ 33. Wenn das Recht der Erhebung der Privatanklage auf Grund einer strafbaren Handlung mehreren Verletzten zusteht, wird aus der Reihe derselben derjenige der Privatankläger, der zuerst bei dem Polizeistrafgericht sich gemeldet hat, wenn jedoch mehrere auf einmal sich gemeldet haben, derjenige, der in der Eingabe oder im Protokoll an erster Stelle genannt ist und wenn dieser von der Vertretung der Anklage zurücktritt, kommt die Vertretung der Anklage dem der Reihe nach ihm folgenden Verletzten zu. Den übrigen Verletzten kommt ein Aushilfswirkungskreis zu. Die Verletzten können jedoch hievon wann immer abweichen und feststellen, wer von ihnen die Anklage vertreten soll, oder sie können einen gemeinsamen Bevollmächtigten namhaft machen.

Beschuldigter.

§ 34. Der Beschuldigte kann gegen die Anklage sich persönlich verteidigen oder mit seiner Verteidigung auch einen Bevollmächtigten betrauen; er kann in die Akten der Angelegenheit bei dem Polizeistrafgericht erster Instanz Einsicht nehmen, das Polizeistrafgericht kann jedoch die Einsichtnahme in die Akten oder in einen Teil derselben bis zum Beginn der Verhandlung verweigern, wenn dadurch der Zweck des Verfahrens gefährdet würde; die Einsichtnahme in die Anzeige, in die über die vorläufige Vernehmung des Beschuldigten und der Zeugen aufgenommenen Protokolle und in das Sachverständigengutachten kann jedoch nicht verweigert werden.

Wenn der festgenommene Beschuldigte mit seiner Verteidigung einen Bevollmächtigten betrauen will, ist das Polizeistrafgericht verpflichtet, den Bevollmächtigten hievon sogleich zu verständigen.

Der festgenommene Beschuldigte kann mit seinem Bevollmächtigten auch ohne Beisein und Kontrolle eines behördlichen Organs verkehren. Er kann mit ihm auch während der Verhandlung verkehren, ausgenommen, wenn er auf die an ihn gerichteten Fragen antwortet.

Der Beschuldigte kann weiters im Laufe des Verfahrens Anträge stellen und gegen die Beschlüsse die zulässigen Rechtsmittel einlegen.

Bevollmächtigter.

§ 35. Der Privatankläger, der Verletzte oder ihre Rechtsnachfolger und der Beschuldigte können sich bei jenen Amtshandlungen, zu welchen sie nicht mit der Verpflichtung zum persönlichen Erscheinen vorgeladen wurden, durch Bevollmächtigte vertreten lassen; sie können jedoch die Mitwirkung des Bevollmächtigten auch im Fall ihres persönlichen Erscheinens in Anspruch nehmen.

Auch der gesetzliche Vertreter kann einen Bevollmächtigten wählen, statt des Beschuldigten jedoch nur dann, wenn letzterer von diesem seinem Recht keinen Gebrauch gemacht hat.

Der Bevollmächtigte geht im Namen seines Mandanten vor und übt dessen Rechte aus.

Die Vollmacht kann jederzeit widerrufen werden.

§ 36. Als Bevollmächtigte können Advokaten, Advokaturskandidaten, ferner, sofern sie eigenberechtigt sind oder ihr zwanzigstes Lebensjahr vollendet haben, die männlichen Angehörigen (§ 129, Punkt 1) des Mandanten und sein Arbeitsgeber oder Angestellter vorgehen.

Die Anverwandten in gerader Linie sowie die Ehegatten können einander als Bevollmächtigte ohne Rücksicht auf ihr Geschlecht vertreten.

Die Angehörigen des amtshandelnden Polizeistrafrichters (§ 129, Punkt 1) und diejenigen, die in der Angelegenheit als Zeugen oder Sachverständige einzuvernehmen sind, können als Bevollmächtigte nicht vorgehen.

Wenn der Bevollmächtigte kein Advokat oder Advokaturskandidat ist und sein Vortrag unverständlich ist, oder wenn er sich vor der Behörde ungeziemend benimmt, kann er vom Polizeistrafrichter zurückgewiesen werden.

§ 37. Der Bevollmächtigte kann in einer in glaubwürdiger Form ausgestellten Schrift oder vor dem Polizeistrafgericht mündlich namhaft gemacht werden. Die mündlich erteilte Vollmacht ist im Protokoll anzumerken.

Es bedarf keiner schriftlichen oder vor dem Polizeistrafgericht mündlich erteilten Vollmacht, wenn als Bevollmächtigter eine der im Absatz 2 des § 36 bezeichneten Personen auftritt und ihre Bevollmächtigung durch Vorweisung der Vorladung oder auf eine andere Weise glaubhaft macht.

Die im Ausland ausgestellte Vollmacht ist in eine öffentliche oder beglaubigte Privaturkunde aufzunehmen.

Der Minderjährige und das Mündel kann von dem gesetzlichen Vertreter sowie die juristische Person von dem zu ihrer Vertretung gesetzlich Berufenen, desgleichen der Verletzte in Übertretungssachen, die die Urproduktion, insbesondere die Forst- und Feldwirtschaft, das auf diese bezughabende Arbeiterwesen, das Dienstbotenwesen und das Wasserrecht betreffen, von seinem Forstverwaltungsbeamten, Ökonomiebeamten und sonstigen Wirtschaftsverwalter oder Beauftragten auch ohne eine besondere Vollmacht vertreten werden; diese Vertreter können wegen der auf Privatantrag zu verfolgenden Übertretungen auch die Anklage erheben.

§ 38. Die mit der Bevollmächtigung aufgelaufenen Kosten dürfen, sofern das Gesetz nicht ausdrücklich anders verfügt, weder der Gegenpartei noch dem Mandanten gegenüber festgesetzt werden.

Wenn an Stelle der Partei der Bevollmächtigte vorgeht, kann dieser die der Partei als solcher von der Gegenpartei gebührenden Kosten (§ 210, Punkt 2) aufrechnen.

3. Ausschließung und Ablehnung von Mitgliedern der Behörde.

§ 39. In der Angelegenheit können als Polizeistrafrichter, Protokollführer, Fiskal oder Fachvertreter weder in erster noch in höherer Instanz vorgehen:

1. der Beschuldigte und der Verletzte;
2. die Angehörigen des Beschuldigten oder des Verletzten (§ 129, Punkt 1);
3. der in der Angelegenheit als Bevollmächtigter des Beschuldigten, des Verletzten oder des Privatanklägers fungierte;
4. der in der Angelegenheit als Zeuge oder als Sachverständiger einvernommen wurde.

Als Polizeistrafrichter kann weiters derjenige nicht fungieren, der in der Angelegenheit in Vertretung der Anklage mitgewirkt hat.

Bei der Erledigung in höherer Instanz ist auch derjenige ausgeschlossen, der bei der Erledigung der Angelegenheit in unterer Instanz mitgewirkt hat.

Das Polizeistrafgericht hat den Ausschließungsgrund sowohl in der ersten als auch in der höheren Instanz von Amts wegen wahrzunehmen, ohne Unterschied, ob die Parteien diesfalls eine Einwendung erhoben haben oder nicht.

Derjenige, der des ihn betreffenden Ausschließungsgrundes bewußt vorgeht, ist hiefür disziplinär verantwortlich und hat außerdem die verursachten Kosten zu ersetzen.

§ 40. Über die Einwendung irgend einer der Parteien ist auch außer den im § 39 bestimmten Fällen jenes Mitglied der Behörde abzulehnen, gegen dessen Unbefangenheit eine begründete Ursache angeführt und diese glaubhaft gemacht wird.

Die gegen ein Mitglied der Behörde nach Einleitung des Verfahrens erstattete strafgerichtliche oder Disziplinaranzeige, oder beleidigende Ausdrücke, die während der Amtshandlung mündlich oder in einer Eingabe gebraucht wurden, können an sich als Grund der Ablehnung nicht dienen.

Das Mitglied der Behörde, das bezüglich seiner Unbefangenheit Bedenken hat, kann seine Ablehnung unter Angabe der Gründe selbst erbitten.

§ 41. Die Partei kann wegen Unbefangenheit des Mitgliedes des Polizeistrafgerichtes erster Instanz nur bis zum Beginn der Verhandlung und gegen ein Mitglied der höheren Behörde bis zur Erledigung des Rechtsmittels Einwendung erheben.

Der Polizeistrafrichter kann ungeachtet der erhobenen Einwendung vorgehen, wenn er sich nicht befangen fühlt; gegen sein Vorgehen kann nur in dem bezüglich des Wesens der Sache eingelegten Rechtsmittels um Abhilfe ersucht werden.

§ 42. An Stelle des ausgeschlossenen oder befangenen Mitgliedes geht ein anderes hiezu berechtigtes Mitglied derselben Behörde vor.

Wenn wegen Ausschließung oder Befangenheit kein Mitglied der Behörde vorgehen könnte oder wenn bei einem Kollegialgericht der Senat in beschlußfähiger Anzahl nicht gebildet werden könnte: so findet in Gemäßheit des § 12 die Delegierung statt.

Wenn wegen Ausschließung oder Befangenheit der Fiskal nicht vorgehen könnte, können die Fiskale desselben Munizipiums einander vertreten; sofern es wegen der Vertretung einer Verfügung bedarf, entscheidet betreffs eines und desselben Munizipiums der Oberfiskal und im übrigen der Minister des Innern.

4. Privatrechtliche Ansprüche.

§ 43. Der Verletzte oder sein Rechtsnachfolger kann seine aus der Übertretung herrührende Schadenersatzforderung gegen den Beschuldigten im Laufe des polizeilichen Strafverfahrens bis zum Abschluß der Verhandlung geltend machen, wenn der Wert des Gegenstandes der Forderung ohne Akzidenten hundert Kronen nicht übersteigt oder wenn der Anspruchsberechtigte sich mit einem hundert Kronen nicht übersteigenden Betrag zufrieden gibt und die Handlung im Hinblick auf die Höhe des Schadens nach dem Gesetz nicht einer strengeren Qualifikation unterstellt ist.

Das Polizeistrafgericht ist verpflichtet, die Verhandlung und Entscheidung der vor ihm geltend gemachten Schadenersatzforderung abzulehnen, wenn darüber das Zivilgericht oder eine andere Behörde bereits entschieden hat oder wenn vor diesen ein Verfahren im Zuge ist.

Wenn die Klarstellung der Schadenersatzforderung eine ausführlichere Beweisaufnahme erfordern oder das polizeiliche Strafverfahren aus einem andern Grunde wesentlich verzögern würde, kann das Polizeistrafgericht die Forderung außer den im § 44 bestimmten Fällen auf den ordentlichen Rechtsweg verweisen. Gegen den in dieser Frage erbrachten Beschluß ist ein Rechtsmittel nicht zulässig.

Die Bestimmungen einzelner Gesetze, die die Schadenersatzforderung in der Höhe von weniger oder mehr als hundert Kronen oder ohne Rücksicht auf den Wert auf das polizeiliche Strafverfahren weisen, oder die verfügen, daß die mit der Übertretung zusammenhängenden Schadenersatz- und sonstigen Forderungen mit der Übertretungssache gemeinsam zu verhandeln und zu entscheiden sind, bleiben unberührt.

§ 44. Im Laufe des polizeilichen Strafverfahrens können außer den im § 43 erwähnten Forderungen auch jene mit der Übertretung zusammenhängenden sonstigen privatrechtlichen Forderungen geltend gemacht werden, die nach dem Gesetz auch außerhalb des Rahmens des polizeilichen Strafverfahrens zum Wirkungskreis der als Polizeistrafgerichte vorgehenden Verwaltungsbehörden gehören.

Jene Minderjährigen und unter Kuratel Stehenden, die über ihren Erwerb selbst verfügen können, können in dieser Beziehung ihre privatrechtlichen Ansprüche ohne Intervention ihrer gesetzlichen Vertreter geltend machen.

Das Polizeistrafgericht verhandelt und entscheidet über diese Forderungen gemeinsam mit der Übertretungssache, es kann aber auch verfügen, daß sie von der Übertretungsangelegenheit bzw. daß mehrere Forderungen von einander abgesondert zu verhandeln und zu entscheiden seien. Gegen den die Absonderung anordnenden Bescheid ist ein Rekurs nicht zulässig.

Zur Verhandlung und Entscheidung der privatrechtlichen Ansprüche, die auf den Bestimmungen des Gesetzartikels II : 1898 über die Regelung der Rechtsverhältnisse zwischen den Arbeitsgebern und den landwirtschaftlichen Arbeitern, ferner des G. A. XLI : 1899 über die bei Wasserarbeiten, beim Straßen- und Eisenbahnbau verwendeten Taglöhner und Arbeiter, des G. A. XLII : 1899 über die landwirtschaftlichen Arbeitsunternehmer und Hilfsarbeiter, des G. A. XXVIII : 1900 über die Forstarbeiter, des G. A. XXIX : 1900 über die Regelung der Rechtsverhältnisse zwischen Tabakproduzenten und Tabakgärtnern, des G. A. XLV : 1907 über die Regelung der Rechtsverhältnisse zwischen dem Landwirt und dem landwirtschaftlichen Dienstboten beruhen und in Verbindung mit der Übertretung geltend gemacht wurden, sind auch die in den §§ 90—110, 112, 120, 121 und 136 enthaltenen Bestimmungen der Verordnung des Ackerbauministers Nr. 2000 Präs. von 1898 anzuwenden.

§ 45. Das Polizeistrafgericht hat hinsichtlich der Höhe des durch die Übertretung verursachten Schadens von Amts wegen nur insofern zu forschen, als dies zur Feststellung seines Wirkungskreises oder des Tatbestandes der Übertretung bzw. des Strafausmaßes notwendig ist.

Das Polizeistrafgericht hat die Höhe des Schadens bei Berücksichtigung sämtlicher Umstände nach seinem eigenen Ermessen festzustellen, es kann Sachverständige anhören und auch anderweitige Beweisaufnahme oder Nachfragen von Amts wegen durchführen.

Hinsichtlich der Schätzung und Feststellung der aus feldpolizeilichen oder Forstübertretungen herrührenden Schäden (entwendeten Werte) sind die diesbezüglich bestehenden besonderen Vorschriften maßgebend.

§ 46. Das Polizeistrafgericht kann in irgend einem Stadium des Verfahrens versuchen, daß der bezüglich des privatrechtlichen Anspruches aufgekommene Rechtsstreit und die einzelnen Streitfragen durch einen Vergleich erledigt werden.

Der im Gegenstande des privatrechtlichen Anspruches zustandegekommene Vergleich oder die Zurückziehung des Anspruches hindert das polizeiliche Strafverfahren nicht.

§ 47. Das Polizeistrafgericht hat im Falle der Einstellung des polizeilichen Strafverfahrens oder der Freisprechung des Beschuldigten hinsichtlich des geltend gemachten privatrechtlichen Anspruches nur dann zu entscheiden, wenn die Entscheidung nach dem Gesetz auch außerhalb des Rahmens des polizeilichen Strafverfahrens zum Wirkungskreis der als Polizeistrafgericht vorgehenden Verwaltungsbehörde gehört.

Ein privatrechtlicher Anspruch kann in einem Strafmandat nur in den im § 63 bestimmten Ausnahmsfällen festgesetzt werden.

Zweites Hauptstück.

Die Einleitung des Verfahrens.

§ 48. Das polizeiliche Strafverfahren darf nur gegen eine Person eingeleitet werden, gegen die ein gewichtiger Verdacht einer zum Wirkungskreis der Polizeistrafgerichte gehörenden Übertretung vorliegt.

Wegen einer auf Antrag, Klage oder Einschreiten des Verletzten (des Beschädigten, der Privatpartei) zu verfolgenden Übertretung kann das polizeiliche Strafverfahren nur dann eingeleitet werden, wenn dies seitens des Berechtigten oder seines Bevollmächtigten begehrt wurde (Privatantrag, Privatanklage). Wegen aller übrigen Übertretungen ist das Verfahren auf Grund der von irgend einer Person erstatteten Anzeige (§ 50) von Amts wegen einzuleiten.

Wenn es zweifelhaft ist, ob die zur Anzeige gebrachte Übertretung auf Privatantrag oder von Amts wegen zu verfolgen ist, sind vor allem die diesbezüglich ausschlaggebenden Daten festzustellen.

§ 49. Die Behörden und die behördlichen Organe sind verpflichtet, die ihnen in ihrem amtlichen Wirkungskreis zur Kenntnis gelangten, von Amts wegen zu verfolgenden Übertretungen unter Bekanntgabe der Daten und der Beweise anzuzeigen.

Die für die Forst- und Feldhüter sowie für sonstige behördlichen Organe in dem Gesetz oder in ihren Dienstvorschriften festgesetzte Pflicht, daß sie der Gemeindevorstehung oder andern Behörden bzw. ihren Dienstgebern auch die in Ausübung ihres Dienstes wahrgenommenen auf Privatantrag zu verfolgenden Übertretungen anzuzeigen haben, bleibt unberührt.

§ 50. Die Anzeige ist bei dem für das Verfahren zuständigen Polizeistrafgericht zu erstatten; es sind jedoch auch die Gemeindevorstehung sowie andere Verwaltungsbehörden und die polizeilichen Organe verpflichtet, die Anzeige anzunehmen und an das für das Verfahren zuständige Polizeistrafgericht unverzüglich zu übersenden.

Die Übertretung kann schriftlich oder mündlich angezeigt werden. Über die mündliche Anzeige ist ein Protokoll aufzunehmen. Wenn der Polizeistrafrichter von der Übertretung auf Grund unmittelbarer Wahrnehmung Kenntnis erlangt hat, wird die Anzeige und das Protokoll durch die schriftliche Meldung des behördlichen Mitgliedes ersetzt.

In dem Protokoll sind außer den allgemeinen Daten (§ 60) möglichst kurz anzuführen:

1. der Name und der Wohnort des Anzeigers und des Beschuldigten sowie die zur Feststellung ihrer Personsidentität notwendigen sonstigen Daten;

2. die Bezeichnung der Handlung, der Ort und die Zeit ihrer Begehung und ihre sonstigen Umstände, sowie der etwa verursachte Schaden, ferner der Name und der Wohnort etwaiger dritter Personen, die nebst dem Beschuldigten für die Rechtsfolgen der Übertretung nach dem Gesetz verantwortlich sind;

3. die zur Verfügung stehenden Beweise und

4. der vom Verletzten etwa angemeldete privatrechtliche Anspruch.

Wenn die Anzeige mangelhaft und aus diesem Grund für das Verfahren nicht geeignet ist, hat das Polizeistrafgericht zum Zwecke ihrer Ergänzung das Entsprechende zu veranlassen; zu diesem Behufe kann der im Ort wohnhafte Anzeiger auch vorgeladen werden.

§ 51. Auf Grund einer anonymen Anzeige kann das Polizeistrafgericht das polizeiliche Strafverfahren nicht einleiten. Wenn es jedoch notwendig erscheint, trifft die Behörde zur Erforschung der Richtigkeit der Angaben der Anzeige Verfügungen und beschließt nach Maßgabe des Ergebnisses über die Einleitung oder Ablehnung des Verfahrens.

§ 52. Die vom zum Privatantrag Berechtigten oder seinem Bevollmächtigten erstattete Anzeige ist als Privatantrag anzusehen. Wenn der Anzeiger ausdrücklich erklärt hat, daß er die Bestrafung des Angezeigten nicht begehrt, so ist von dem polizeilichen Strafverfahren Umgang zu nehmen und es ist nur bezüglich der mit der Übertretung zusammenhängenden solchen Forderungen und Fragen vorzugehen und zu beschließen, die auch außerhalb des Rahmens des polizeilichen Strafverfahrens in den Wirkungskreis der als Polizeistrafgericht vorgehenden Verwaltungsbehörde gehören.

Die Bestimmungen des § 50 sind auch hinsichtlich der Einbringung des Privatantrages anzuwenden.

Der Privatantrag ist als rechtzeitig eingebracht anzusehen, wenn er von dem Berechtigten innerhalb der gesetzlichen Frist, wenngleich bei einer für das Verfahren nicht zuständigen Behörde oder mangelhaft eingebracht wurde.

§ 53. Vor Einleitung des Verfahrens ist von Amts wegen zu prüfen, ob:

1. die Handlung die Anzeichen einer zum Wirkungskreis des Polizeistrafgerichtes gehörenden Übertretung in sich begreift?

2. für die Übertretung das Polizeistrafgericht zuständig ist?

3. Umstände vorliegen, die die Einleitung des Verfahrens ausschließen?

4. im Falle einer auf Privatantrag zu verfolgenden Übertretung derjenige, der die Anzeige oder den Privatantrag eingebracht hat, zur Einbringung des Privatantrages berechtigt ist und ob die Anzeige oder der Privatantrag innerhalb der gesetzlichen Frist eingebracht wurde?

§ 54. Wenn die Handlung Anzeichen einer Übertretung nicht aufweist oder wenn die erforderliche Privatanklage oder der Privatantrag fehlt, oder wenn der Privatantrag nicht von dem hiezu Berechtigten oder von dem hiezu Berechtigten nicht innerhalb der gesetzlichen Frist eingebracht wurde: oder sonstige Umstände vorliegen, die die Einleitung des Verfahrens ausschließen: so hat das Polizeistrafgericht die Anzeige oder den Privatantrag mittels Bescheid abzuweisen und den Anzeiger oder denjenigen, der den Privatantrag eingebracht hat, hievon zu verständigen. Gegen diesen Bescheid ist der Rekurs bis zur dritten Instanz zulässig.

Wenn im Falle einer auf Privatantrag zu verfolgenden Übertretung der Berechtigte seinen Privatantrag später innerhalb der gesetzlichen Frist einbringt, ist die Einleitung des Verfahrens deshalb nicht ausgeschlossen, weil das Polizeistrafgericht vorher die von dem Nichtberechtigten erstattete Anzeige abgewiesen hat.

§ 55. Wenn die Handlung Anzeichen einer in den Wirkungskreis der ordentlichen Gerichte gewiesenen strafbaren Handlung aufweist, hat das Polizeistrafgericht die Angelegenheit an die zuständige kgl. Staatsanwaltschaft oder das zuständige kgl. Bezirksgericht unverzüglich abzutreten, den etwa in vorläufiger Festnahme befindlichen Beschuldigten zu überstellen und den Anzeiger hievon zu verständigen.

Wenn die Entscheidung über die Übertretung zum Wirkungskreis oder zur Zuständigkeit eines andern Polizeistrafgerichtes gehört, ist die Angelegenheit an dieses abzutreten.

§ 56. Wenn zur Abweisung der Anzeige oder des Privatantrages oder zur Abtretung der Angelegenheit kein Grund vorliegt: so ist das Verfahren vom Polizeistrafgericht einzuleiten und nach den Umständen des Falles ein Strafmandat zu erlassen oder nach dem etwa erforderlichen Vorverfahren zur Verhandlung der Angelegenheit ein Termin festzusetzen.

§ 57. Der Polizeistrafrichter ist verpflichtet, dringende Anordnungen auch an Sonn- und Feiertagen zu erlassen und zu vollziehen.

Das Polizeistrafgericht ist verpflichtet, im Laufe des Verfahrens die zur Aufklärung des Sachverhaltes dienlichen Daten von Amts wegen zu sammeln und die Parteien auf ihre im Verfahren zukommenden Rechte aufmerksam zu machen. Hinsichtlich des Beschuldigten ist dafür Sorge zu tragen, daß sowohl die belastenden und entlastenden, als auch die erschwerenden und mildernden sowie die Persönlichkeit und die Lebensverhältnisse des Beschuldigten beleuchtenden Umstände festgestellt werden.

Wenn das Verfahren gegen einen Jugendlichen anhängig ist, hat das Polizeistrafgericht sein besonderes Augenmerk auf die Prüfung jener Umstände zu richten, aus welchen die Persönlichkeit, der geistige und sittliche Entwicklungsgrad und die Lebensverhältnisse des Jugendlichen erkannt werden können.

§ 58. Wenn die Feststellung dessen, ob eine Übertretung vorliegt, von der vorhergehenden Entscheidung über eine privatrechtliche, öffentlichrechtliche oder verwaltungsrechtliche Streitfrage abhängt, ist das Verfahren bis zur Entscheidung dieser Frage in der Regel auszusetzen. Das Polizeistrafgericht kann in diesen Fällen zur Einleitung des besonderen Verfahrens eine Präklusivfrist festsetzen.

Von der Aussetzung ist Abstand zu nehmen und das ausgesetzte Verfahren ist fortzusetzen, wenn die Vereitlung des polizeilichen Strafverfahrens zu besorgen ist, oder wenn die interessierte Partei das besondere Verfahren innerhalb der vom Polizeistrafgericht festgesetzten Präklusivfrist nicht einleitet.

Das Polizeistrafgericht beschließt in der Frage der Strafbarkeit auch nach der Entscheidung der privatrechtlichen Vorfrage selbstständig.

§ 59. Die Polizeistrafgerichte erster Instanz gehen als Einzelgerichte vor.

Vor dem Polizeistrafgericht kann ein jedes Ansuchen und eine jede Erklärung auch mündlich vorgebracht werden.

Der Advokat oder der Advokaturskandidat als Bevollmächtigter hat sowohl im mündlichen, als auch im schriftlichen Verkehr sich der Amtssprache des Staates zu bedienen.

§ 60. Über die mündlich vorgebrachten Ansuchen und andern Erklärungen, nach der Feststellung der Personsidentität, weiters über die behördlichen Amtshandlungen sind Protokolle aufzunehmen.

Im Protokoll sind möglichst kurz anzuführen: der Ort und die Zeit der Abfassung, die Bezeichnung des Falles, die Namen der Vernommenen und der mitwirkenden Personen sowie die Bezeugung der Einhaltung der vorgeschriebenen Formalitäten, die Modalitäten und das Ergebnis der Vornahme der behördlichen Amtshandlungen.

Das Protokoll ist den Anwesenden vorzulesen und, wenn notwendig, zu erklären.

Die Aussage oder die Erklärung wird von dem Vernommenen und das Protokoll von dem vorgehenden Polizeistrafrichter, dem Protokollführer und den in dieser Verordnung speziell bezeichneten Personen unterfertigt.

Der des Schreibens nicht Kundige versieht das Protokoll mit seinem Handzeichen; seinen Namen neben dem Handzeichen setzt der Protokollführer bei.

Die erfolgte Vorlesung und Erklärung, ferner die etwaige Verweigerung der Fertigung und deren Grund ist im Protokolle anzumerken.

Von den einfachen Anmeldungen der Parteien müssen nicht ausnahmslos Protokolle aufgenommen werden, sie können von irgend einem Mitglied der betreffenden Behörde auf dem bezughabenden Aktenstück angemerkt oder aber in ein Protokoll aufgenommen werden.

§ 61. An dem Protokolle darf mittels Radierung nichts geändert werden.

Wenn einzelne Worte gelöscht werden müssen, so hat dies in der Weise zu geschehen, daß diese leserlich bleiben; daß die Löschung von dem Verfasser des Protokolles herrührt, sowie die etwaige Einschaltung einzelner Worte sind im Protokolle anzumerken, die notwendigen Ergänzungen hingegen sind am Ende des Protokolles aufzunehmen.

Wenn das Protokoll mehrere Bogen umfaßt, so sind die Bogen zusammenzuheften und das Ende des Bindfadens mittels des Amtssiegels zu befestigen.

Bei der Aufnahme des Protokolles ist ein Protokollführer, und zwar in der Regel ein behördliches Organ oder ein solcher Diurnist zu verwenden, der einen Eid oder ein Gelöbnis geleistet hat. Wenn das Protokoll ausnahmsweise von einer nicht im öffentlichen Dienste stehenden Person geschrieben wird, so ist von ihr vorher der Eid oder das Gelöbnis abzunehmen, daß sie das Protokoll getreu fertigstellen und das Amtsgeheimnis wahren werde.

Drittes Hauptstück.

Strafmandat.

§ 62. Der Polizeistrafrichter erster Instanz kann im Falle einer Übertretung, die die Festnahme des Beschuldigten nicht nach sich zieht, gegen diesen ohne vorhergehende Verhandlung ein Strafmandat erlassen, wenn wegen der Übertretung nur die Verhängung einer Geldstrafe zulässig ist und die festzusetzende Geldstrafe in einem dreißig Kronen nicht übersteigenden Betrag angemessen erscheint und:

1. die Anzeige von einer Behörde (Gemeindevorstehung), einem öffentlichen Beamten oder einem behördlichen Organ auf Grund ihrer (seiner) in ihrem (seinem) amtlichen Wirkungskreis gemachten unmittelbaren Wahrnehmung erstattet wurde und gegen die Richtigkeit kein Bedenken auftauchte, oder

2. die Anzeige zwar von einer Privatperson herrührt, diese jedoch die Begehung der Übertretung mit einer öffentlichen oder Privaturkunde oder mit einem andern Beweis glaubhaft macht und der Polizeistrafrichter von der Stichhältigkeit der Anklage überzeugt ist.

Im Falle einer auf Privatantrag zu verfolgenden Übertretung kann ein Strafmandat nur dann erlassen werden, wenn die Anzeige von dem zum Privatantrag Berechtigten oder seinem Bevollmächtigten herrührt oder wenn er seinen Privatantrag im Falle einer nicht von ihm herrührenden Anzeige innerhalb der gesetzlichen Frist einbringt.

Gegen einen jeden Beschuldigten und wegen jeder einzelnen Übertretung ist ein separates Strafmandat zu erlassen.

Die Erlassung eines Strafmandates findet nicht statt: wenn der Beschuldigte ein Jugendlicher ist, oder wenn die untere Grenze der in der Rechtsnorm für die Übertretung festgesetzten Strafe dreißig Kronen übersteigt.

§ 63. Wenn der Verletzte auch die Zuerkennung seines privatrechtlichen Anspruches verlangt, desgleichen wenn in Verbindung mit der Verurteilung irgend eine spezielle Verfügung getroffen werden muß, ist die Erlassung des Strafmandates, den unten erwähnten Fall ausgenommen, nicht statthaft.

Im Falle einer Forstübertretung schließt die Geltendmachung des privatrechtlichen Anspruches die Erlassung des Strafmandates nicht aus, wenn der zu ersetzende Wert und Schade regelmäßig aufgerechnet wurde und der Polizeistrafrichter ihn in Gemäßheit des Ansuchens festgesetzt, sofern dieser Betrag samt der zu verhängenden Geldstrafe dreißig Kronen nicht übersteigt und der Verletzte das Absehen von der Erlassung des Strafmandats nicht begehrt hat. Das Strafmandat ist nach eingetretener Rechtskraft in einem solchen Fall der Feststellung des privatrechtlichen Anspruches dem Verletzten mitzuteilen.

§ 64. Das Strafmandat hat außer der Bezeichnung des dasselbe erlassenden Polizeistrafgerichtes zu enthalten:

1. den Namen und die Stellung oder Beschäftigung des Beschuldigten und seinen Wohnort;

2. die Benennung der Behörde, des behördlichen Organes oder der Privatperson, von der (dem) die Anzeige erstatte wurde; im Falle einer auf Privatantrag zu verfolgenden Übertretung die Benennung jener Person, die den Privatantrag eingebracht hat;

3. die Bezeichnung der die Übertretung begründenden Handlung, den Ort und die Zeit ihrer Begehung;

4. jene Beweisdaten, zufolge welcher die Schuld des Beschuldigten warscheinlich erscheint und die den Polizeistrafrichter von der Stichhältigkeit der Anklage überzeugten;

5. die Anführung des angewendeten Gesetzes oder der Ministerialverordnung bzw. des Statutes und des betreffenden Paragraphen;

6. den Betrag der Geldstrafe und die Dauer der im Falle der Uneinbringlichkeit an ihre Stelle tretenden Arreststrafe; desgleichen im Falle des zweiten Absatzes des § 63 den Betrag des festgesetzten Wertes und Schadens;

7. den an den Beschuldigten gerichteten Auftrag, den festgesetzten Betrag bei dem Polizeistrafgericht binnen fünfzehn Tagen zu erlegen;

8. die Erinnerung, daß der Beschuldigte begehren kann, von dem Strafmandat abzusehen und die Verhandlung abzuhalten, oder daß er gegen das Strafmandat die Appellation einlegen kann, wenn er die Begehung der Übertretung nicht leugnet, sondern bloß

die Strafe oder die Höhe des festgesetzten Betrages beanständet; weiters die Erinnerung, daß das Strafmandat vollzogen werden wird, wenn der Beschuldigte bei der Zustellung des Strafmandates oder binnen fünfzehn Tagen von dem der Zustellung folgenden Tag gerechnet, um die Verhandlung der Angelegenheit mündlich oder schriftlich nicht ansucht, oder wenn er gegen dasselbe die Appellation nicht einlegt; schließlich

9. die Mitteilung, daß der Beschuldigte, wenn er sich mit dem Strafmandat zufrieden gibt, zur Einzahlung der festgesetzten Geldstrafe um einen Aufschub oder um die Bewilligung von Ratenzahlungen ansuchen kann.

§ 65. Das Strafmandat wird zugestellt:

1. in der Haupt- und Residenzstadt Budapest sowie in den Städten, wo die Institution des Meldungswesens organisiert ist, von dem Meldungsamt als Zentralzustellungsamt;

2. in andern Städten und Gemeinden von den behördlichen Organen (den damit eigens betrauten städtischen oder Gemeindeorganen, den Gemeinde- und Kreisnotären).

Das Polizeistrafgericht übersendet das Strafmandat dem Zustellungsamt bzw. den Zustellungsorganen unmittelbar.

Die Loco-Zustellungen können auch von den besonderen Organen der Behörden bewirkt werden.

§ 66. Das Zustellungsorgan hat das Strafmandat dem Beschuldigten zu eigenen Händen zu übergeben, dasselbe ihm vorzulesen, seinen Inhalt zu erklären und den Beschuldigten insbesondere an die im Punkt 8 des § 64 enthaltenen Bestimmungen aufmerksam zu machen und auf dem Retourrezepiß zu bestätigen, daß all dieses geschehen sei, sowie die Antwort der Partei auf demselben anzumerken.

Wenn der Beschuldigte bereits bei der Zustellung erklärt, daß er die Verhandlung der Angelegenheit begehrt, oder aber, daß er wegen der Höhe der Strafe oder des festgesetzten Betrages appelliert, so hat das Zustellungsorgan diese Erklärung auf dem Retourrezepiß anzumerken.

Der Beschuldigte kann seine Erklärung auf das Retourrezepiß auch eigenhändig aufschreiben.

§ 67. Wenn der Beschuldigte gelegentlich der Zustellung des Strafmandates oder binnen fünfzehn Tagen, von dem der Zustellung folgenden Tag gerechnet, ansucht, von dem Strafmandat Umgang zu nehmen und die Verhandlung abzuhalten, so ist die angesuchte Verhandlung so abzuhalten, als wenn ein Strafmandat nicht erlassen worden wäre.

Die Verfügung des auf Grund der Verhandlung erbrachten Beschlusses kann von dem Inhalt des Strafmandates abweichen.

Wenn zur Stunde der Verhandlung weder der vorschriftsmäßig vorgeladene Beschuldigte, noch sein Bevollmächtigter, gesetzlicher Vertreter oder sein Ehegatte vor dem Polizeistrafgericht erschienen sind und ihr Wegbleiben in annehmbarer Weise nicht entschuldigt haben, spricht das Polizeistrafgericht ohne Verhandlung aus, daß das Strafmandat vollstreckbar ist.

§ 68. Wenn der Beschuldigte die Begehung der Handlung, die zur Erlassung des Strafmandates Anlaß bot, nicht leugnet, sondern bloß die Strafe oder die Höhe derselben beanständet, so kann er gegen das Strafmandat gelegentlich seiner Zustellung oder binnen fünfzehn Tagen, von dem der Zustellung folgenden Tag gerechnet, die Appellation anmelden. Gegen den Beschluß der Behörde zweiter Instanz ist eine weitere Appellation nicht zulässig.

Das mit Appellation angefochtene Strafmandat hat den Charakter eines erstinstanzlichen Urteils.

§ 69. Wenn der Beschuldigte sein im § 67 erwähntes Ansuchen oder seine im § 68 erwähnte Appellation bei dem Polizeistrafgericht mündlich anmeldet, so ist dies auf dem Konzept des Strafmandates anzumerken.

Die Anmeldung kann auch seitens des gesetzlichen Vertreters des Beschuldigten sowie seines Ehegatten erfolgen.

§ 70. Der Beschuldigte kann die erfolgte Anmeldung bis zur Stunde der Verhandlung oder bis zur Fällung des oberinstanzlichen Beschlusses widerrufen und bis zu dem erwähnten Zeitpunkte, jedoch vor Ablauf von fünfzehn Tagen, von dem der Zustellung des Strafmandates folgenden Tage gerechnet, auch abändern, er hat jedoch die verursachten Kosten zu tragen.

§ 71. Wenn der Beschuldigte gelegentlich der Zustellung des Strafmandates oder binnen fünfzehn Tagen, von dem der Zustellung folgenden Tag gerechnet, um die Verhandlung der Angelegenheit weder mündlich noch schriftlich angesucht und auch eine Appellation nicht eingebracht hat, ist das Strafmandat zu vollziehen.

Wenn der Beschuldigte sich mit dem Strafmandat zufrieden gibt, kann er zur Einzahlung der Geldstrafe um einen Aufschub oder um die Bewilligung von Ratenzahlungen ansuchen.

Im Strafmandat ist der bedingte Aufschub der Strafe nicht zulässig.

Viertes Hauptstück.

Vorverfahren.

§ 72. Wenn ein Strafmandat nicht erlassen werden kann, leitet das Polizeistrafgericht das Verfahren in der Regel mit der Festsetzung des Verhandlungstermines ein.

Jene Verfügungen jedoch, die im Interesse des Erfolges des Verfahrens hinsichtlich der Person des Beschuldigten oder zur Feststellung der Spuren der Übertretung oder zur Beschaffung und Sicherung der mit Beschlag zu belegenden Gegenstände, der corpora delicti und anderer Beweise notwendig sind, oder in einzelnen Gesetzen und in den auf Grund derselben hinausgegebenen Verordnungen vorgeschrieben sind, müssen auch vor der Verhandlung getroffen werden.

Die dringend notwendigen vorläufigen Verfügungen sind auch seitens des für das Verfahren nicht zuständigen Polizeistrafgerichtes von Amts wegen zu treffen.

I. Verfügungen gegen die Person des Beschuldigten. Stellung (Begleitung) des Beschuldigten vor das Amt.

§ 73. Die Polizeiorgane dürfen die bei einer Übertretung auf frischer Tat betretenen Personen auch ohne spezielle behördliche Weisung vor das nächste Polizeistrafgericht oder die nächste Gemeindevorstehung in jenen Fällen stellen, in denen nach der für die untersuchenden Polizeibehörden und Polizeiorgane hinausgegebenen Instruktion und andern bestehenden Rechtsnormen wegen einer Übertretung die Stellung oder Begleitung vor das Amt Platz zu greifen hat.

Von der Stellung kann Abstand genommen werden, wenn der auf frischer Tat Betretene eine dem einschreitenden Organ persönlich bekannte verläßliche Person ist oder sich hinreichend legitimiert oder ein entsprechendes Pfand gibt.

Die vor das Amt gestellte Person ist sogleich, oder wenn die Begleitung vor das Amt abends oder zur Nachtzeit geschah, spätestens am folgenden Morgen zu verhören; wenn die vorläufige Festnahme nicht am Platz ist und die Angelegenheit im Sinne des § 104 nicht sofort verhandelt werden kann: so ist sie nach ihrem Verhör sogleich zu entlassen.

Wenn die auf frischer Tat betretene Person vor die Gemeindevorstehung gestellt wurde und der gesetzliche Fall seiner vorläufigen Festnahme vorzuliegen scheint, hat die Gemeindevorstehung die auf frischer Tat betretene Person unverzüglich vor das Polizeistrafgericht zu stellen.

In der Frage der vorläufigen Festnahme beschließt das Polizeistrafgericht sogleich.

Untersteht die vor das Amt gestellte Person dem Militärgericht, so ist sie zu dem nächsten militärischen Kommando zu geleiten.

Vorläufige Festnahme.

§ 74. Vorläufige Festnahme und zu diesem Behufe auch Vorführung kann angeordnet werden gegen einen Beschuldigten, den ein sehr gewichtiger Verdacht einer solchen Übertretung belastet, auf die die Rechtsnorm Arreststrafe setzt:

1. wenn der Beschuldigte flüchtig geworden ist, oder in der Absicht, um sich dem Strafverfahren zu entziehen, sich verborgen und später bei der Behörde sich freiwillig nicht gemeldet hat; ferner wenn ein Beweis dafür vorliegt, daß der Beschuldigte zur Flucht oder zur Auswanderung Vorbereitungen getroffen hat;

2. wenn zufolge dessen, weil er einen ständigen Aufenthaltsort oder eine ordentliche Erwerbsquelle nicht besitzt oder weil die Übertretung der Landstreicherei oder der verbotenen Rückkehr vorliegt

oder weil er unbekannt ist und sich nicht ausweisen kann, seine Flucht begründeterweise zu besorgen steht;

3. wenn der Beschuldigte im Auslande wohnhaft oder kein ungarischer Staatsbürger ist und mit Grund besorgt werden kann, daß er, im Falle er auf freiem Fuß belassen werden würde, auf die Vorladung des Polizeistrafgerichtes nicht erscheinen wird.

Wegen einer Übertretung, die nur mit Geldstrafe bestraft werden kann, ist die vorläufige Festnahme nicht zulässig.

Gegen eine der Militärgerichtsbarkeit unterstellte Person kann das Polizeistrafgericht die vorläufige Festnahme nicht verfügen.

§ 75. Die vorläufige Festnahme kann vor der Urteilsfällung achtundvierzig Stunden nicht überschreiten.

Im Falle eines freisprechenden oder nur eine Geldstrafe festsetzenden Urteils sowie im Falle des bedingten Aufschubes des Strafvollzuges oder der Einstellung des Verfahrens ist die vorläufige Festnahme sogleich aufzuheben, und zwar selbst dann, wenn der Beschluß nicht rechtskräftig ist.

Im Falle eines Strafurteils ist die volle Dauer der vorläufigen Festnahme in die verhängte Strafe stets einzurechnen. Wurde gegen das Strafurteil appelliert, so kann die vorläufige Festnahme auch für weiterhin aufrechterhalten werden, ihre Gesamtdauer kann jedoch die Dauer der im Urteil festgesetzten Arreststrafe nicht überschreiten.

§ 76. Die vorläufige Festnahme ist mit der größten Schonung zu vollziehen. Gegen den Festgenommenen dürfen nur solche Zwangsmittel angewendet werden, die zur Verhinderung seiner Flucht oder zur Bändigung seines gewalttätigen Benehmens notwendig sind.

Der Festgenommene ist, sofern dies die lokalen Verhältnisse gestatten, von jedermann abgesondert zu verwahren. Wenn dies nicht möglich ist, muß darauf gesehen werden, daß Männer von Frauen, jugendliche Personen von den älteren, ferner Täter und Teilnehmer einer und derselben Übertretung von einander nach Möglichkeit abgesondert werden.

Der vorläufig Festgenommene kann vor der Urteilsfällung zur Arbeit nicht angehalten werden.

§ 77. Von der vorläufigen Festnahme muß Umgang genommen werden und sie muß, wenn sie verfügt ist, sofort aufgehoben werden:

1. wenn das Familienhaupt, der Vormund, der Kurator, der Landwirt, der Dienst- oder Arbeitsgeber oder eine andere geeignete Person Bürgschaft leistet, daß der Beschuldigte auf Vorladung vor dem Polizeistrafgericht wann immer erscheint und gegen die Unbescholtenheit und Vertrauenswürdigkeit des Bürgen ein Zweifel nicht auftaucht; oder

2. wenn der Beschuldigte oder statt seiner ein anderer eine Kaution erlegt hat, die mit Rücksicht auf die begangene Übertretung, den verursachten Schaden und auf die persönlichen Verhältnisse des Beschuldigten die Flucht desselben unwahrscheinlich macht.

§ 78. Wenn der gegen Bürgschaft auf freiem Fuß belassene oder auf freien Fuß gesetzte Beschuldigte auf die Vorladung nicht erscheint, oder wenn er flüchtig geworden ist, ist der Bürge in die Kosten der Zustandebringung und der Vorführung des Beschuldigten zu verurteilen.

§ 79. Die Kaution kann in Barem, in Wertgegenständen oder in kautionsfähigen Wertpapieren erlegt werden.

Die als Kaution erlegte Wertsache ist der die Kaution leistenden Person zurückzustellen, wenn das Polizeistrafgericht das Verfahren einstellt oder ein freisprechendes oder nur Geldstrafe festsetzendes Urteil fällt, oder wenn der Verurteilte die Strafe antritt oder wenn ein den Strafvollzug ausschließender Umstand eintritt. Die als Kaution erlegte Wertsache ist der die Kaution leistenden Person auch dann zurückzustellen, wenn der Aufschub des Vollzuges der verhängten Strafe von der Behörde zweiter Instanz im Sinne des § 11 des G. A. XXXVI: 1908 [1]) genehmigt wurde oder wenn der Strafaufschub nicht von der erstinstanzlichen, sondern von der oberinstanzlichen Behörde ausgesprochen wurde.

Das Recht des Erlegenden auf die als Kaution dienende Wertsache erlischt, wenn der Beschuldigte auf die Vorladung nicht erscheint und sein Wegbleiben in annehmbarer Weise nicht entschuldigt hat, oder wenn er flüchtig geworden ist. In diesem Falle ist der als Kaution erlegte Betrag in erster Reihe zur Deckung der Forderung des Verletzten, in zweiter Reihe zur Erfüllung der aus der Übertretung hervorgehenden Zahlungsverpflichtung, insbesondere zur Deckung der Kosten des Verfahrens zu verwenden; die verbleibende Summe ist für den im § 23 des G. A. XX: 1901 [2]) bestimmten Zweck zu verwenden.

Wenn die Kaution statt des Beschuldigten von einem andern erlegt wurde, verliert dieser sein Recht auf die Kaution nicht, wenn er den Beschuldigten innerhalb der Verjährungsfrist binnen der von Seite des Polizeistrafgerichtes anzuberaumenden Frist stellig macht,

---

[1]) § 11 des G.A. XXXVI: 1908 (Strafgesetznovelle) lautet: „Die Verwaltungsbehörde hat ihre den Aufschub aussprechenden Urteile von Amts wegen der Behörde zweiter Instanz behufs Überprüfung vorzulegen."

[2]) § 23 des G. A. XX: 1901 (über die Vereinfachung des administrativen Verfahrens) lautet:

„Die Hälfte der gesamten Strafgelder, welche auf Grund der von den Verwaltungsbehörden (§§ 13—16) gefällten Übertretungsurteile einfließen, sowie der Beträge, die aus der Verwertung von konfiszierten und herrenlosen Gütern einlaufen, gebührt der Gemeinde, die andere Hälfte aber gehört unter die Verwaltung des Finanzministers.

Die Hälfte der Strafgelder aus den Übertretungen der Wehrvorschriften gebührt der Zuständigkeitsgemeinde, die Hälfte der übrigen Übertretungs-Strafgelder, sowie der aus der Verwertung von konfiszierten und herrenlosen Gütern einfließenden Beträge aber jener Gemeinde, auf deren Gebiet die Übertretung begangen oder das herrenlose Gut gefunden wurde.

Die den Gemeinden gebührenden Beträge sind für die Zwecke des Gemeinde-Armenwesens zu verwenden."

oder von seinen Vorbereitungen zur Flucht die Behörde rechtzeitig verständigt.

§ 80. In der Frage der Bürgschaft und der Kaution beschließt der Polizeistrafrichter. Gegen diesen Beschluß ist die Berufung bis zur dritten Instanz zulässig. Die Berufung hindert die Fortsetzung des Verfahrens nicht.

Ausforschung des unbekannten und abwesenden Beschuldigten.

§ 81. Gegen einen unbekannten oder einen solchen Beschuldigten, der sich in unbekanntem Orte aufhält, flüchtig geworden ist oder sich verborgen hat, darf im polizeilichen Strafverfahren ein Steckbrief nicht erlassen werden; vor rechtskräftiger Verurteilung des Beschuldigten darf die Veröffentlichung seiner Personsbeschreibung (§ 223, letzter Absatz) nicht verfügt werden. Zum Zwecke der Ausforschung eines unbekannten oder abwesenden Beschuldigten ist das Erforderliche mittels Ausfertigung eines Evidenzblattes oder auf andere geeignete Weise zu verfügen. Wenn seine Ausforschung nicht gelungen ist, ist in Gemäßheit des § 108 vorzugehen.

Vorführung.

§ 82. Im Falle einer mit Arrest zu bestrafenden Übertretung kann der Polizeistrafrichter die Vorführung des Beschuldigten anordnen:

1. wenn ein gesetzlicher Grund der vorläufigen Festnahme (§ 74) vorliegt;

2. wenn der mit der Verpflichtung zum persönlichen Erscheinen vorschriftsmäßig vorgeladene Beschuldigte nicht erschienen ist und sein Wegbleiben mit einem berücksichtigungswürdigen Grunde nicht entschuldigt hat und sein Erscheinen vor dem Polizeistrafgericht auch weiterhin notwendig ist (§ 109); oder

3. wenn dies ein Gesetz zuläßt (z. B. § 38 des G. A. II: 1898) [1].

Die Vorführung ist mittels Bescheides anzuordnen. Dieser Bescheid ist vor dem Beginn der Bewirkung der Vorführung demjenigen, dessen Vorführung angeordnet ist, vorzuweisen oder einzuhändigen.

In dem Bescheid ist die vorzuführende Person, wenn es notwendig erscheint, nebst Bezeichnung der auf seine Personsidentität bezughabenden Daten, sowie der Grund der Vorführung anzuführen.

---

[1]) § 38 des G. A. II : 1898 (über die Regelung der Rechtsverhältnisse zwischen den Arbeitgebern und den landwirtschaftlichen Arbeitern) lautet: „Wenn die Arbeiter den Beginn oder die Fortsetzung der Arbeit und überhaupt die Erfüllung des Vertrages, aufser in den im § 25 angeführten Fällen der rechtmäfsigen Lösung des Vertrages verweigern, so mufs gegen sie auf Grund des § 62 das Verfahren sofort eingeleitet werden. Wenn die Behörde erster Instanz an Ort und Stelle nicht erscheinen kann, so kann sie die Arbeiter ausnahmsweise vorführen lassen. Das Verfahren mufs in jedem Fall ununterbrochen fortgesetzt, das Urteil auf der Stelle verkündet werden und ist dieses ohne Rücksicht auf eine etwaige Appellation sofort vollstreckbar."

Wenn von einem Ort gleichzeitig mehrere Personen vorzuführen sind, kann die Anordnung der Vorführung in einen Bescheid aufgenommen werden.

Der Bescheid wird von dem die Vorführung anordnenden behördlichen Mitglied gefertigt und mit seinem Amtssiegel versehen.

Die Vorführung ist mit Schonung und nach Möglichkeit ohne Aufsehen zu bewirken.

Derjenige, der den Bescheid zustellt oder vorweist, ist verpflichtet, den Vorzuführenden, wenn es notwendig ist, mit Inanspruchnahme der polizeilichen Assistenz und anderer Zwangsmittel vor das vorladende Polizeistrafgericht zu stellen.

Gegen eine in aktiver Dienstleistung stehende Person der bewaffneten Macht oder der Gendarmerie, sowie der Polizei- und der Finanzwache kann die Vorführung unmittelbar nicht bewirkt werden, sondern es ist wegen der Vorführung, falls diese geboten erscheint, die vorgesetzte Behörde der genannten Personen zu ersuchen.

Von der Anordnung der Vorführung einer im öffentlichen Dienste stehenden oder einer bei einer Privatunternehmung angestellten Person, deren Substituierung vom Gesichtspunkte des öffentlichen Interesses notwendig erscheint, ist ihr Vorgesetzter sogleich, und zwar vor Bewirkung der Vorführung zu einer solchen Zeit zu verständigen, daß er die zur Wahrung des öffentlichen Interesses notwendigen Verfügungen treffen könne.

2. Beschlagnahme.

§ 83. Jene Gegenstände, welche nach dem Gesetz oder einer andern Rechtsnorm zu konfiszieren, zu vernichten oder unbrauchbar zu machen sind, ferner auch sonstige Gegenstände, wenn sie zu der Beweisführung notwendig sind und ihre Verwahrung auf eine andere Weise nicht gesichert wäre, sind mit Beschlag zu belegen; für ihre Aufbewahrung ist mittels behördlicher Verwahrung oder in anderer geeigneter Weise zu sorgen.

Eine Drucksache darf wegen ihres eine Übertretung begründenden Inhaltes, sofern das Gesetz keine Ausnahme macht, nicht mit Beschlag belegt oder unter behördliche Sperre genommen werden.

Vor der Urteilsfällung kann der Warenvorrat von gewerblichen und Handelsunternehmungen zur Gänze oder zum Teile nur dann mit Beschlag belegt werden, wenn die Beschlagnahme zu der Beweisführung oder zur Sicherung der Vollstreckbarkeit des Urteils unumgänglich notwendig ist.

Schriftstücke und Gegenstände des öffentlichen Dienstes dürfen wegen Übertretungen nicht mit Beschlag belegt werden, der Polizeistrafrichter kann jedoch sich wegen ihrer Besichtigung oder Übersendung an die betreffende Behörde wenden.

§ 84. Jene Gegenstände, die im Sinne des § 83 mit Beschlag zu belegen sind, müssen über Aufforderung des zur Bewirkung der

Beschlagnahme berechtigten behördlichen Mitgliedes oder behördlichen Organes von jedermann ausgefolgt werden.

Wenn der Besitzer oder Inhaber die Ausfolgung verweigert und der Gegenstand auf eine andere Weise nicht beschafft werden kann, ist der sich Weigernde von dem Polizeistrafgericht bei Festsetzung einer kurzen Präklusivfrist unter Androhung einer bis zu zweihundert Kronen sich erstreckenden und im Falle der Uneinbringlichkeit in Gemäßheit des § 22 des G. A. XL: 1879[1]) in Arrest umwandelbaren Geldstrafe zur Ausfolgung des Gegenstandes aufzufordern.

Wenn diese Frist erfolglos abgelaufen ist und es nicht zweifelhaft ist, daß der mit Beschlag zu belegende Gegenstand im Besitz des Aufgeforderten ist, so hat die Geldstrafe in Anwendung zu kommen. Im Fall einer weiteren Weigerung kann der Besitzer oder Inhaber festgenommen werden. Diese Festnahme kann höchstens fünfzehn Tage dauern und ist sofort aufzuheben, sobald der Besitzer oder der Inhaber den verlangten Gegenstand ausfolgt oder dessen Beschlagnahme ermöglicht, oder wenn die Beschlagnahme des Gegenstandes in anderer Weise gelingt.

Gegen den Beschuldigten sowie gegen die von der Verpflichtung der Zeugenschaft befreite Person (§§ 128, 129) kann diese Strafe nicht in Anwendung gebracht werden.

Wenn zur Herausgabe eines mit Beschlag zu belegenden Gegenstandes eine in aktiver Dienstleistung stehende Person der bewaffneten Macht oder der Gendarmerie aufgefordert wurde und die Aufforderung ohne Erfolg blieb, ist zwecks Anwendung der entsprechenden Zwangsmittel der Vorgesetzte der aufgeforderten Person zu ersuchen, der den sich Weigernden zur Ausfolgung des mit Beschlag zu belegenden Gegenstandes verhält.

§ 85. Die Briefe, Telegramme und sonstigen Sendungen dürfen bei der Post und bei andern Transport- und Verfrachtungsunternehmungen wegen einer Übertretung nicht mit Beschlag belegt oder eröffnet werden. Das Polizeistrafgericht kann die Briefe, Telegramme und sonstigen Sendungen nur vor der Aufgabe oder nach der Zustellung mit Beschlag belegen.

Die Vorschrift des vorhergehenden Absatzes bezieht sich nicht auf den Fall, wo die Beschlagnahme von einem Gesetz (§ 50 des G. A. II: 1909 über die Auswanderung) gestattet ist.

Die zwischen dem Beschuldigten und seinen Angehörigen (§ 129, Punkt 1) oder seinem Bevollmächtigten gewechselten Briefe, Tele-

---

[1]) § 22 des G. A. XL: 1879 (über die Übertretungen) lautet: „Wenn in dem Urteile blofs Geldstrafe festgesetzt ist, ist zugleich die Dauer des Arrestes zu bestimmen, welche im Falle der Uneinbringlichkeit der Geldstrafe an deren Stelle zu treten haben wird.

Bei dieser Umwandlung kann statt einer vier Kronen nicht übersteigenden Geldstrafe auf einen länger als zwölf Stunden dauernden Arrest nicht erkannt werden.

Von vier bis zwanzig Kronen ist ein eintägiger Arrest, für jede weitere zwanzig Kronen je ein Tag Arrest festzusetzen."

gramme und sonstigen schriftlichen Mitteilungen dürfen bei den letzterwähnten Personen ohne ihre Einwilligung nur dann mit Beschlag belegt werden, wenn gegen sie wegen Teilnahme das Verfahren gleichfalls im Zug ist.

Hinsichtlich der Erteilung von Auskünften über die in diesem Paragraphen erwähnten Mitteilungen (Auskünfte über die Aufgabe oder Zustellung etc.) sind die bestehenden Rechtsnormen maßgebend.

3. Hausdurchsuchung, Leibesdurchsuchung und behördlicher Augenschein.

§ 86. Wirtshäuser, Schenken, Freudenhäuser und jene öffentlichen oder dem Publikum offenstehenden Lokalitäten, in welchen verbotene Glücksspiele betrieben werden, oder welche als regelmäßige Schlupfwinkel von Verbrechern dienen, können wann immer durchsucht werden.

Diese Lokalitäten ausgenommen, darf eine Hausdurchsuchung weder im Hause oder in der Wohnung des Beschuldigten oder eines anderen noch in den von ihnen innegehabten oder von ihnen benutzten Lokalitäten durchgeführt werden; das behördliche Mitglied oder das behördliche Organ, das in Vollziehung des die Vorführung oder Festnahme des Beschuldigten oder die Beschlagnahme eines Gegenstandes anordnenden Bescheides oder in Verfolgung des auf frischer Tat Betretenen begriffen ist, kann jedoch zur Habhaftwerdung des Beschuldigten oder zur Bewirkung der Beschlagnahme auch diese Lokalitäten betreten, wenn die Übertretung dort begangen wurde, der Beschuldigte während der Verfolgung sich dorthin geflüchtet hat, oder derjenige, der über das Haus oder das Lokal verfügt, der Behörde als Gewohnheitsverbrecher bekannt ist, oder wenn aus zweifellosen Tatsachen mit Grund geschlossen werden kann, daß der gesuchte Täter sich dort aufhält oder verbirgt, oder daß der gesuchte Gegenstand dort hinterlegt oder versteckt ist; soferne dies zur Bewirkung der Vollziehung der obigen Handlungen notwendig erscheint, kann das vorgehende behördliche Mitglied oder Organ in diesen Lokalitäten und über die dort gefundenen Gegenstände auch einen behördlichen Augenschein (§ 88) vornehmen.

§ 87. Durchsucht werden können die auf dem Leib befindlichen Kleider sowie sonstige Gegenstände einer solchen Person:

1. die der Behörde als Gewohnheitsverbrecher bekannt ist;
2. die nach hoher Wahrscheinlichkeit einen Gegenstand bei sich verbirgt, der mit Beschlag zu belegen ist;
3. die vorläufig festgenommen wird.

Gegen die Angehörigen des Beschuldigten (§ 129, Punkt 1) und seinen Bevollmächtigten ist eine Verfügung auf Grund des Punktes 2 nur dann statthaft, wenn gegen sie wegen Teilnahme das Verfahren im Zuge ist.

§ 88. Ein behördlicher Augenschein ist vorzunehmen, wenn zum Zwecke der Feststellung oder Ausforschung von wichtigen

Tatumständen oder Beweisen persönliche Wahrnehmung oder die Besichtigung von Lokalitäten oder Gegenständen notwendig ist.

Wenn die lokalen Verhältnisse festgestellt werden müssen, oder wenn dies aus einer anderen Ursache begründet erscheint, ist der Augenschein an Ort und Stelle aufzunehmen.

Das Polizeistrafgericht nimmt den Augenschein vor der Verhandlung nur dann auf, wenn es unumgänglich notwendig ist, oder wenn dies das Gesetz oder eine andere Rechtsnorm insbesonders verfügt.

4. Die Anordnung und Durchführung der Beschlagnahme, der Hausdurchsuchung, der Leibesdurchsuchung und des behördlichen Augenscheines.

§ 89. Die Beschlagnahme eines Gegenstandes, wenn er im Besitze oder in der Innehabung irgend einer Person ist, ferner die Leibesdurchsuchung und den behördlichen Augenschein ordnet in der Regel der amtshandelnde Polizeistrafrichter mittels schriftlich abgefaßten Bescheides an. Gegen diesen Bescheid ist ein Rekurs nicht zulässig.

In dringenden Fällen ist die vorhergehende schriftliche Abfassung des Bescheides nicht erforderlich.

Die vorgehenden Polizeiorgane können die nach dem ersten Absatz des § 86 zulässige Hausdurchsuchung sowie im Falle der Betretung auf frischer Tat die Beschlagnahme und auch den behördlichen Augenschein auch ohne vorhergehenden Beschluß des Polizeistrafrichters bewirken.

§ 90. Der amtshandelnde Polizeistrafrichter kann die angeordnete Amtshandlung persönlich durchführen, oder zu deren Durchführung ein Mitglied oder Organ der Behörde entsenden.

Wenn die Amtshandlung im Sprengel eines anderen Polizeistrafgerichtes durchgeführt werden muß, so ist wegen der Durchführung das zuständige Polizeistrafgericht zu ersuchen.

§ 91. Die Beschlagnahme und die Durchsuchung oder der Augenschein der Lokalitäten ist in der Regel in Gegenwart desjenigen bezw. seines Bevollmächtigten durchzuführen, gegen den diese Handlungen angeordnet wurden.

Wenn keiner von ihnen anwesend ist, so muß jemand aus der Reihe der volljährigen Familienmitglieder oder der Nachbarn des Interessenten, in Ermangelung von solchen Personen eine andere geeignete Person, als sein Vertreter bestellt werden.

Die Parteien können bei der Vollziehung anwesend sein, sie sind zu diesem Behufe zu verständigen, wenn der dadurch entstandene Verzug den Zweck des Verfahrens nicht gefährdet.

§ 92. Vor der Durchführung der Beschlagnahme, der Durchsuchung oder des Augenscheines der Lokalität und der Leibesdurchsuchung ist der die Amtshandlung anordnende Bescheid den Anwesenden zu verkünden.

Bei der Durchführung ist mit der größten Schonung vorzugehen. Mit der Durchsuchung oder dem Augenschein einer Lokalität darf, die Fälle des ersten Absatzes des § 86 ausgenommen, vor sechs Uhr morgens und nach neun Uhr abends nicht begonnen werden; die schon begonnene Amtshandlung kann auch nach neun Uhr abends fortgesetzt werden.

Vor Beginn der Durchführung ist der Interessente zur Bekanntgabe des Aufenthaltes der gesuchten Person bezw. zur Ausfolgung des gesuchten Gegenstandes aufzufordern.

Von der Durchsuchung oder dem Augenschein der Lokalität und der Leibesdurchsuchung ist Abstand zu nehmen, wenn die gesuchte Person oder der gesuchte Gegenstand auch ohnedies zustandegebracht wird.

§ 93. Bei der Durchführung müssen zwei nicht interessierte Zeugen anwesend sein.

Die in aktiver Dienstleistung befindlichen Personen der bewaffneten Macht und der Gendarmerie dürfen als Zeugen nicht verwendet werden.

Zur Durchsuchung der Kleider von Frauen und der bei ihnen befindlichen Gegenstände sowie zur Mitwirkung bei diesem Verfahren als Zeugen können nur Frauen verwendet werden; ein behördliches Mitglied, überhaupt Mannespersonen können dabei nicht anwesend sein, das behördliche Mitglied hat jedoch zur Zeit der Durchsuchung sich in der unmittelbaren Nähe jener Lokalität aufzuhalten, wo die Durchsuchung bewirkt wird, und hat den Vollzug der Durchsuchung zu kontrollieren.

Wenn bei der Durchführung Zeugen überhaupt nicht verwendet werden konnten, ist dieser Umstand und seine Gründe im Protokoll zu erwähnen.

§ 94. Über die Durchführung ist ein Protokoll abzufassen. Dem Protokoll ist der anordnende Beschluß beizuschließen; wenn der Beschluß früher schriftlich nicht abgefaßt wurde, oder wenn ein solcher Beschluß nicht notwendig war, so ist dies im Protokoll anzuführen.

Im Protokoll sind nebst Beschreibung des Verfahrens die in Beschlag genommenen Gegenstände einzeln aufzuzählen.

Das Protokoll wird von dem vorgehenden behördlichen Mitglied und der in Gemäßheit des § 93 verwendeten Frauensperson weiters von demjenigen, gegen den die Handlung bewirkt wurde, eventuell von seinem Bevollmächtigten oder bestellten Vertreter, von den zwei Zeugen und dem Protokollführer gefertigt.

Wenn das Polizeistrafgericht zur Vornahme einzelner Amtshandlungen ein polizeiliches Organ entsendet, oder, wenn das polizeiliche Organ, sofern dies am Platze ist, solche Amtshandlungen ohne vorhergehende behördliche Anordnung vornimmt, hat dieses Organ hievon dem Polizeistrafgericht die Meldung zu erstatten.

§ 95. Die in Beschlag genommenen Gegenstände, die zu einem weiteren Verfahren nicht benötigt werden, sind, insofern ein dritter nicht Anspruch auf dieselben erhebt, von dem Polizeistrafgericht demjenigen zurückzustellen, von dem dieselben in Beschlag genommen worden sind bzw. ist die zur Übernahme berechtigte Person zu deren Wegschaffung unter Anberäumung einer Präklusivfrist mittels Bescheides, oder wenn der Aufenthaltsort desselben unbekannt ist, im Wege der Kundmachung aufzufordern. Wenn der bei dem Beschuldigten in Beschlag genommene Gegenstand zweifellos Eigentum des Verletzten bildet oder aus seinem Besitz unrechtmäßig entzogen wurde, so ist derselbe dem Verletzten zurückzugeben. Wenn der Anspruch auf den in Beschlag genommenen Gegenstand streitig ist, ist der Anspruchswerber vor das Zivilgericht zu verweisen; bis zur Erbringung des Beschlusses desselben verbleiben die Gegenstände in Verwahrung.

Wenn die zur Übernahme berechtigte Person innerhalb der festgesetzten Frist sich nicht meldet, kann der in Beschlag genommene Gegenstand von dem Polizeistrafgericht im Versteigerungswege veräußert werden; der Erlös ist als Deposit zu verwalten.

Die der Gefahr des Verderbens ausgesetzten oder nur mit Unkosten zu erhaltenden Gegenstände können im Notfall auch ohne vorherige Aufforderung des Berechtigten veräußert werden.

Hinsichtlich jener in Beschlag genommenen Gegenstände, die zu konfiszieren, zu vernichten oder unbrauchbar zu machen sind, ist in Gemäßheit der diesbezüglich bestehenden Rechtsnormen vorzugehen.

§ 96. Wenn eine Beschlagnahme, eine Hausdurchsuchung, eine Leibesdurchsuchung oder ein behördlicher Augenschein gegen eine in aktiver Dienstleistung stehende Person der bewaffneten Macht oder der Gendarmerie vorgenommen werden soll, so ist darum das vorgesetzte Kommando des Betreffenden zu ersuchen.

Diese Amtshandlungen dürfen in militärischen oder vom Militär besetzten Gebäuden (Schiffen) gegen eine der Polizeistrafgerichtsbarkeit unterstehende Person nur nach erfolgter Verständigung des Kommandanten des Gebäudes (Schiffes) und in Anwesenheit der von diesem bestimmten Militärperson vorgenommen werden.

§ 97. In den Lokalitäten einer öffentlichen Behörde oder eines öffentlichen Amtes, darunter auch in den Kasernen der Polizei- und der Finanzwache, sind diese Amtshandlungen nach Verständigung des Amtsvorstandes und in Gegenwart der von ihm bestimmten Amtsperson durchzuführen.

§ 98. Wenn gelegentlich der Durchführung der Amtshandlungen der gesuchte Gegenstand oder die gesuchte Person nicht gefunden worden ist, so ist hierüber auf Wunsch des Interessenten vom Polizeistrafrichter in begründetem Fall ein Zeugnis auszufolgen.

§ 99. Diese Verordnung berührt die auf Grund des G. A. XIV: 1876 über die Beschlagnahme, Konfiskation und Vernichtung der gesundheitsschädlichen Nahrungsmittel und Getränke hinausgegebenen speziellen Vorschriften nicht.

Sie berührt weiters im Falle der Weinverfälschung sowie der Verfälschung von landwirtschaftlichen Produkten, Erzeugnissen und Artikeln die hinsichtlich der Musternahme, des Augenscheines, der Durchsuchung von Räumlichkeiten, der Beschlagnahme, Konfiskation (behördliche Sperre), Vernichtung und Unbrauchbarmachung zu beobachtenden speziellen Vorschriften nicht; desgleichen berührt sie nicht die bezüglich des auf den Tierschmuggel bezughabenden Verfahrens und bezüglich der in Gemäßheit des § 155 des G. A. VII: 1888 über die Behandlung der konfiszierten Tiere bestehenden speziellen tiersanitätspolizeilichen Vorschriften.

5. Vorläufige Vernehmung.

§ 100. Vor der Verhandlung findet eine Zeugenvernehmung in der Regel nicht statt.

Ausnahmsweise ist jedoch auf Wunsch der einen oder der anderen Partei oder des Zeugen oder auch von Amts wegen jener Zeuge vorläufig zu verhören:

1. dessen Vernehmung unumgänglich notwendig ist, wenn seinem Erscheinen bei der Verhandlung unüberwindliche Hindernisse oder wegen der Entfernung seines Wohnorts oder aus einem anderen Grund Schwierigkeiten entgegenstehen;
2. der lebensgefährlich erkrankt ist.

Zu der vorläufigen Zeugenvernehmung sind auch die Parteien zu laden, wenn der daraus entstehende Verzug mit keiner Gefahr verbunden ist. Das Unterbleiben der Ladung oder das Nichterscheinen der geladenen Parteien hindert die Zeugenvernehmung nicht.

Der bei der Zeugenvernehmung erschienene Beschuldigte und der Verletzte können im Bedarfsfalle gleichfalls verhört werden.

Im übrigen sind die Bestimmungen der §§ 127—139 und § 145 auch rücksichtlich der vorläufigen Zeugenvernehmung anzuwenden.

§ 101. Ein Sachverständiger ist vor der Verhandlung nur dann einzuvernehmen, wenn dies zum Zwecke des Vorverfahrens unumgänglich notwendig ist.

Rücksichtlich der Vernehmung der Sachverständigen sind der dritte und vierte Absatz des § 100 entsprechend anzuwenden.

Im übrigen sind hinsichtlich der vorläufigen Vernehmung der Sachverständigen die §§ 140—145 anzuwenden.

Fünftes Hauptstück.

Meritorisches Verfahren.

Ort und Zeit der Verhandlung.

§ 102. Die Verhandlung wird in der Regel im Amtssitz des Polizeistrafgerichtes abgehalten. Im Dringlichkeitsfalle jedoch, desgleichen zur Erleichterung der Beweisführung, ferner wegen Kostenersparnis oder aus anderen wichtigen Gründen darf die Verhandlung auch im Orte des Augenscheines, der Begehung der Tat oder im Aufenthaltsort des Beschuldigten und an den im § 302 der am 12. November 1902 unter Nr. 125 000 Min. d. Inn. hinausgegebenen Komitats-Geschäftsordnung bestimmten Verhandlungstagen auch in jenen Orten abgehalten werden, in welche die Exmittierung erfolgt.

§ 103. Eine jede Angelegenheit ist nach Möglichkeit durch eine Verhandlung zu beenden.

Wenn die Verhandlung der Angelegenheit an einem Tage nicht beendet werden kann, wird die Verhandlung vom Polizeistrafrichter aufgeschoben; für die fortgesetzte Verhandlung ist möglichst sogleich ein kurzer Termin festzusetzen und dieser den Anwesenden mündlich mitzuteilen.

Die Erschienenen können im Falle des Aufschubes ansuchen, daß sie sogleich verhört werden und zu der späteren Verhandlung nicht vorgeladen werden. Diesem Ansuchen ist nach Möglichkeit Folge zu geben.

Verhandlung ohne Vorladung.

§ 104. Die Parteien können zum Zwecke der Abhaltung der Verhandlung vor dem Polizeistrafrichter an einem beliebig gewählten Tag auch ohne Vorladung erscheinen.

Die Gemeindevorstehungen, die Mitglieder und Organe der Polizeibehörde können im Falle der Betretung auf frischer Tat dem anwesenden Beschuldigten, Verletzten und Zeugen den Auftrag geben, zum Zwecke der Verhandlung der Angelegenheit vor dem Polizeistrafrichter an dem von ihm zu diesem Zwecke im voraus bestimmten nächsten Verhandlungstag ohne Vorladung zu erscheinen. In der Anzeige ist der Auftrag sowie der Umstand anzuführen, an wen derselbe ergangen ist.

Wenn die Parteien ohne Vorladung erschienen sind, oder wenn sie allsogleich vorgerufen werden können, desgleichen, wenn der auf frischer Tat betretene Beschuldigte vor das Amt gestellt wurde, oder wenn der Beschuldigte in Gemäßheit des letzten Absatzes des § 109 vorgeführt wurde: ist der Polizeistrafrichter befugt, die Verhandlung sogleich abzuhalten. Der im zweiten Absatz dieses Paragraphen erwähnte Auftrag hat in Bezug auf Abhaltbarkeit der Verhandlung dieselbe Wirkung, wie die Vorladung; gegen die nicht erschienene Person ist jedoch wegen des Nichterscheinens eine Repressionsmaßregel nicht zulässig.

Außer dem Falle der Betretung auf frischer Tat und des Geständnisses ist diese sogleich abgehaltene Verhandlung auf Ansuchen des Beschuldigten nach Klarstellung der Anklage und der zur Unterstützung derselben dienenden Beweise auf die erforderliche Zeit zu unterbrechen, wenn dies wegen Beschaffung der Beweise des Beschuldigten begründet erscheint.

In solchen Fällen ist die Verständigung des abwesenden Fiskals von der Anzeige und der Verhandlung nicht erforderlich, in Fällen der Punkte 2—4 des § 24 sind jedoch die im Wesen der Angelegenheit erbrachten Beschlüsse auch jetzt mitzuteilen.

Vorladung.

§ 105. Außer dem im vorhergehenden Paragraph erwähnten Fällen sind bei Festsetzung des Verhandlungstermines Vorladescheine auszufertigen.

Der Verhandlungstermin ist derart festzusetzen, daß den Interessenten zum Erscheinen genügende Zeit gelassen werde und daß der Beschuldigte für seine Verteidigung sorgen könne. Im Falle der Festnahme ist die Verhandlung binnen achtundvierzig Stunden abzuhalten.

§ 106. Zu der Verhandlung sind vorzuladen:

1. der Beschuldigte;
2. der Privatankläger und der Verletzte;
3. die angemeldeten Bevollmächtigten;
4. jene Zeugen, die über die wesentlichen Umstände der Angelegenheit Zeugenschaft ablegen können, sofern dies für den Zweck der Beweisführung notwendig erscheint;
5. die erforderlichen Sachverständigen.

Der Fiskal ist zur Verhandlung nur dann zu laden, wenn er seine Ladung begehrt hatte, oder wenn seine Mitwirkung im Sinne des § 28 notwendig ist.

Der Fachvertreter ist zur Verhandlung dann zu laden, wenn er seine Ladung begehrt hatte, oder wenn dies in einer besonderen Rechtsnorm vorgeschrieben ist.

Wenn im Sinne des Gesetzes für die Rechtsfolgen der Übertretung außer dem Beschuldigten auch eine dritte Person verantwortlich ist, so ist sie wegen ihrer Vernehmung zu der Verhandlung gleichfalls vorzuladen.

Das Polizeistrafgericht kann den Beschuldigten im Falle einer solchen Übertretung, auf die in der Rechtsnorm Arreststrafe gesetzt ist, ferner den Privatankläger und den Verletzten, wenn ihre Vernehmung zur Klarstellung des Sachverhaltes notwendig ist, auch zum persönlichen Erscheinen verpflichten.

§ 107. Die Vorladung erfolgt mittels Vorladescheines.

In dem Vorladeschein sind die Parteien, die Zeugen und die Sachverständigen auf die Rechtsfolgen des Nichterscheinens (§§ 109, 111–114) aufmerksam zu machen; die Parteien sind aufzufordern, ihre noch nicht angemeldeten Zeugen und sonstigen Beweise mitzubringen, oder dem Polizeistrafgericht vor der Verhandlung zu einer Zeit anzumelden, daß die Zeugen rechtzeitig vorgeladen und die andern Beweise beschafft werden können.

Die in aktiver Dienstleistung stehenden Personen der bewaffneten Macht und der Gendarmerie sowie die zum Personal der Polizei- und der Finanzwache gehörenden Personen sind im Wege ihrer vorgesetzten Behörde vorzuladen; doch können diese Personen bei gleichzeitiger Verständigung ihrer vorgesetzten Behörde auch unmittelbar vorgeladen werden, wenn sich die vorgesetzte Behörde nicht im Orte befindet und Gefahr am Verzuge ist. Der Sachverständige ist im

Vorladeschein nach Bedarf über jene Umstände zu orientieren, über die er vernommen werden wird.

Wenn derjenige, der vorgeladen wird, in einem solchen öffentlichen Dienste steht, bzw. bei einer solchen Privatunternehmung angestellt ist, bei welchem (welcher) seine Substituierung vom Gesichtspunkte des öffentlichen Interesses notwendig erscheint, so ist sein Vorgesetzter gleichzeitig zu verständigen.

Der in vorläufiger Festnahme befindliche Beschuldigte ist vom Zeitpunkt der Verhandlung vorher zu verständigen und auf seine Rechte (§§ 34, 35) aufmerksam zu machen.

§ 108. Gegen einen unbekannten oder einen solchen Beschuldigten, der zu der Verhandlung nicht vorgeladen werden konnte, ist weder die Abhaltung der Verhandlung noch eine Urteilsfällung am Platze. Dies hindert jedoch nicht die Beendigung des Verfahrens gegen einen solchen Mitbeschuldigten, der zu der Verhandlung vorschriftsmäßig vorgeladen wurde.

Die behufs Beschaffung und Sicherung der Beweise notwendigen Verfügungen sind jedoch auch gegen den unbekannten oder den in unbekanntem Ort sich aufhaltenden Beschuldigten zu treffen; der Polizeistrafrichter ist auch in diesen Fällen befugt, die corpora delicti in Beschlag zu nehmen, die Zeugen zu verhören, einen Augenschein vorzunehmen und ein Sachverständigengutachten einzuholen. Nach Beendigung dessen ist das Verfahren bis zur Stelligmachung oder Selbstmeldung des Beschuldigten einzustellen, weiters sind die aufgelaufenen Verfahrenskosten festzustellen; bezüglich der mit Beschlag belegten Gegenstände ist je nach den obwaltenden Umständen in Gemäßheit des § 95 zu beschließen. Wenn der Beschuldigte innerhalb der Verjährungsfrist stellig gemacht wird, oder wenn er sich selbst meldet, ist das Verfahren fortzusetzen.

Ist der Aufenthaltsort des Beschuldigten bekannt, so ist er, sobald der Vorladung keine Hindernisse mehr entgegenstehen, für einen neuen Termin vorzuladen.

Rechtsfolgen des Nichterscheinens.

§ 109. Wenn der vorgeladene Beschuldigte an der Verhandlung nicht erschienen ist, oder vor Beendigung der Verhandlung sich entfernt hat und einer Übertretung beschuldigt ist, auf die in der Rechtsnorm nur Geldstrafe gesetzt ist, oder wenn der Sachverhalt im Falle einer Übertretung, auf die in der Rechtsnorm Arrest gesetzt ist, auch ohne seine Anwesenheit klargestellt werden kann, ist die Verhandlung auch in Abwesenheit des Beschuldigten abzuhalten und auf Grund der Beweisaufnahme der Beschluß zu erbringen. Der nicht erschienene Beschuldigte kann gegen den Beschluß eine Rechtfertigung einlegen; wenn er jedoch auch zu dem auf Grund der Rechtfertigung anberaumten neuen Termin nicht erscheint, bleibt der frühere Beschluß wirksam.

Wenn das persönliche Erscheinen des Beschuldigten zur Klarstellung des Sachverhaltes notwendig ist und auf die Übertretung in der Rechtsnorm Arrest gesetzt ist: ist er mit der Verpflichtung zum persönlichen Erscheinen vorzuladen. Wenn der Beschuldigte mit der Verpflichtung zum persönlichen Erscheinen vorgeladen war, zu der Verhandlung jedoch ohne Rechtfertigung nicht erschienen ist: kann der Polizeistrafrichter seine Vorführung anordnen. Der außerhalb des Gebietes der Länder der heiligen ungarischen Krone wohnhafte oder sich aufhaltende Beschuldigte darf unter Androhung der Vorführung nicht vorgeladen werden; im Falle seines Nichterscheinens darf seine Vorführung nicht angeordnet werden.

Soferne dies ein Gesetz ausnahmsweise gestattet (z. B. § 38 des G. A. II: 1898), kann der Beschuldigte auch ohne vorhergehende Vorladung vorgeführt werden.

Die Verantwortlichkeit der außer dem Beschuldigten für die Rechtsfolgen der Übertretung im Sinne des Gesetzes haftpflichtigen und ungeachtet der Vorladung nicht erschienenen dritten Person wird vom Polizeistrafgericht auf Grund der zur Verfügung stehenden Daten und Beweise beurteilt.

§ 110. Das Nichterscheinen des Fiskals hindert die Abhaltung der Verhandlung nicht.

Die Ausnahmen werden in der im § 28 erwähnten besonderen Verordnung bestimmt werden.

§ 111. Wenn der geladene Fachvertreter oder der vorgeladene Verletzte nicht erschienen sind und auch keine Vertreter entsendet haben, so gilt von dem Nichterschienenen die Vermutung, daß er in Vertretung der Anklage nicht vorzugehen wünscht.

Wenn der Verletzte seinen privatrechtlichen Anspruch im polizeilichen Strafverfahren angemeldet hat, wird dieser Anspruch im Falle seines Nichterscheinens vom Polizeistrafgericht auf Grund des vorgebrachten Ansuchens und der zur Verfügung stehenden Daten und Beweise beurteilt.

§ 112. Wenn der vorgeladene Privatankläger weder persönlich erschienen ist, noch einen Bevollmächtigten entsendet hat, und sein Wegbleiben vorher nicht entschuldigt hat, so ist die Anklage als fallengelassen anzusehen, das Verfahren ist einzustellen (§§ 151 und 152) und der Privatankläger in die Kosten des Verfahrens zu verurteilen (§ 214).

§ 113. Wenn der vorgeladene Zeuge nicht erschienen ist, oder vor dem Verhör ohne Erlaubnis sich entfernt hat und seine Vernehmung notwendig erscheint, so wird er vom Polizeistrafgericht für einen neuen Termin vorgeladen; er kann überdies mit einer bis hundert Kronen sich erstreckenden und im Falle der Uneinbringlichkeit in Gemäßheit des § 22 des G. A. XL: 1879 in Arrest umwandelbaren Geldstrafe bestraft werden.

In dringenden Fällen ist das Polizeistrafgericht befugt, den vorgeladenen jedoch nicht erschienenen Zeugen sogleich vorführen zu lassen und ihn in die Kosten seiner Vorführung zu verurteilen.

Eine Geldstrafe darf gegen den Zeugen nicht verhängt werden und der die Geldstrafe festsetzende Bescheid ist außer Kraft zu setzen, wenn der Zeuge sein Wegbleiben oder seine Entfernung mit einer begründeten Ursache entschuldigt.

Aus wichtigen Gründen darf der Zeuge auch in seiner Wohnung verhört werden.

Wegen Bestrafung und Vorführung der als Zeugen in Betracht kommenden Personen der bewaffneten Macht und der Gendarmerie ist deren vorgesetzte Behörde zu ersuchen.

§ 114. Wenn der zum Erscheinen verpflichtete Sachverständige ungeachtet der Vorladung nicht erschienen ist oder vor der Vernehmung ohne Erlaubnis sich entfernt hat und seine Vernehmung notwendig ist, so wird er vom Polizeistrafgericht für einen neuen Termin vorgeladen; er kann überdies mit einer bis hundert Kronen sich erstreckenden und im Falle der Uneinbringlichkeit in Gemäßheit des § 22 des G. A. XL: 1879 in Arrest umwandelbaren Geldstrafe bestraft werden.

Der dritte, vierte und fünfte Absatz des § 113 sind auch auf den Sachverständigen anzuwenden.

Die Vorführung des Sachverständigen darf nicht angeordnet werden.

Mündlichkeit und Öffentlichkeit.

§ 115. Die Verhandlung ist mündlich und öffentlich.

Die Verlesung von Schriften ist nur insofern am Platze, als es im Interesse der Vollständigkeit der Beweisführung unumgänglich notwendig ist.

Der Polizeistrafrichter ist befugt, den Ausschluß der Öffentlichkeit im Interesse der öffentlichen Moral und der öffentlichen Ordnung für die ganze Verhandlung oder einen Teil derselben wann immer anzuordnen; aber auch in diesen Fällen kann ein jeder von den Beschuldigten sowie der Verletzte je zwei Vertrauensmänner bestellen, die bei der Verhandlung anwesend sein können.

Die Beschlüsse sind, ausgenommen die im Laufe der mit Ausschluß der Öffentlichkeit abgehaltenen Verhandlung erbrachten Beschlüsse, stets öffentlich zu verkünden.

Jugendliche und solche Personen, die nicht der Würde des Ortes entsprechend erscheinen, sind vom Polizeistrafrichter aus der Reihe der Zuhörer auszuschließen.

Mit einem Stocke darf niemand und mit Waffen dürfen nur diejenigen in den Verhandlungssaal eingelassen werden, die zum Waffentragen dienstmäßig verpflichtet sind.

Aufrechthaltung der Ordnung.

§ 116. Die Aufrechthaltung der Ordnung und der Würde der Verhandlung ist Aufgabe des amtshandelnden Polizeistrafrichters.

Derjenige, der die Verhandlungsordnung stört, die Achtung gegenüber der Behörde verletzt, einen beleidigenden Ausdruck gebraucht, ein unschickliches oder rohes Benehmen bekundet, kann vom Polizeistrafrichter nach Ermahnung zur Ordnung gerufen, mit einer bis hundert Kronen sich erstreckenden und im Falle der Uneinbringlichkeit in Gemäßheit des § 22 des G. A. XL: 1879 in Arrest umwandelbaren Geldstrafe bestraft, aus dem Verhandlungssaale oder vom Orte gewiesen, nötigenfalls entfernt werden; gegen den in Festnahme befindlichen Beschuldigten kann statt dessen eine Disziplinarstrafe verhängt werden.

Wenn der Polizeistrafrichter als Ordnungsstrafe eine Geldstrafe, Ausweisung, Entfernung oder eine Disziplinarstrafe verhängt, so ist der dies anordnende Bescheid in das Verhandlungprotokoll aufzunehmen und zu erwähnen, wodurch die Ordnungsstörung begangen bzw. das unschickliche oder rohe Benehmen bekundet wurde und ob die Verhängung der Ordnungsstrafe nach vorhergehender Ermahnung geschah. Gegen diesen Bescheid ist ein Rekurs nur im Falle der Verhängung einer Geldstrafe zulässig.

Wenn das Beweisverfahren ohne Anwesenheit des aus der Verhandlung gewiesenen Beschuldigten nicht beendet werden kann, hat der Polizeistrafrichter ihn für die Zeit der Verhandlung unter Aufsicht zu stellen, vor Abschluß des Beweisverfahrens in den Ort der Verhandlung zurückzurufen, ihm den wesentlichen Inhalt der in seiner Abwesenheit aufgenommenen Beweise mitzuteilen und seine Erklärung in das Protokoll aufzunehmen.

§ 117. Der Polizeistrafrichter kann eine der Militärgerichtsbarkeit unterstellte Person, wenn sie der Verhandlungsordnung zuwiderhandelt, zur Ordnung rufen, aus dem Verhandlungssaal oder vom Orte weisen, nötigenfalls entfernen lassen; wegen ihrer Bestrafung ist die vorgesetzte Militärbehörde zu ersuchen.

§ 118. Wenn der als Bevollmächtigter fungierende Advokat der Verhandlungsordnung zuwiderhandelt, ist in Gemäßheit des § 2 des G. A. XXVIII: 1887[1]) vorzugehen.

§ 119. Wenn der Fiskal sich einer schweren Ordnungsstörung schuldig machen und die Ermahnung erfolglos bleiben würde, wird

---

[1]) § 2 des G. A. XXVIII: 1887 (Advokatengesetznovelle) lautet:

„Die Gerichte, administrativen Behörden oder Organe können den in Vertretung einer Partei erscheinenden Advokaten mit einer Geldstrafe von 20 Kronen bis zu 200 Kronen belegen,

a) wenn der Advokat in einer Sitzung derselben oder bei einer Verhandlung verletzende Ausdrücke gebraucht;

b) wenn derselbe ein solches Betragen bekundet, welches gegen die Ordnung und den Anstand verstößt, und der vorausgegangene Ordnungsruf erfolglos bleibt.

Gegen diese Ordnungsstrafe kann bei den Gerichten die einmalige Berufung, bei den administrativen Behörden aber die den bestehenden Gesetzen und Verordnungen entsprechende instanzmäßige Berufung stattfinden.

Ist die Verletzung schwererer Natur, dann verfügt das Gericht oder die administrative Behörde außer der Anwendung der Ordnungsstrafe, und mit Ausschluß der Anwendung des § 46 des G. A. XL: 1879 bezüglich der Einleitung des Disziplinar- oder strafgerichtlichen Verfahrens."

die Verhandlung seitens des Polizeistrafrichters sogleich unterbrochen und ohne den Fiskal fortgesetzt; wenn jedoch die Mitwirkung des Fiskals zur Fortsetzung des Verfahrens notwendig ist (§ 28), wird die Verhandlung verschoben. Über die Ordnungsstörung und ihre Umstände ist dem unmittelbaren Vorgesetzten des Fiskals die Mitteilung zu machen; letzterer verfügt nach Bedarf auch über die Vertretung der öffentlichen Anklage.

Die Vorschriften des vorhergehenden Absatzes sind sinngemäß anzuwenden, wenn einer schweren Ordnungsstörung der Fachvertreter sich schuldig gemacht hat; die Unterbrechung der Verhandlung findet jedoch deswegen nur dann statt, wenn ohne Anwesenheit des Fachvertreters die Verhandlung nicht fortgesetzt werden kann.

Eröffnung der Verhandlung.

§ 120. Der Polizeistrafrichter eröffnet die Verhandlung mit kurzer Bezeichnung der Anklage und stellt fest, ob die vorgeladenen Personen erschienen sind.

Wenn irgend einer der Vorgeladenen an der Verhandlung nicht erschienen ist, verfügt der Polizeistrafrichter in Gemäßheit der §§ 109—114.

§ 121. Wenn die Verhandlung abgehalten werden kann, fordert der Polizeistrafrichter die Zeugen und die Sachverständigen zum Verlassen des Verhandlungslokales mit dem Auftrage auf, sich ohne seine Erlaubnis aus der ihnen bezeichneten Räumlichkeit nicht zu entfernen.

Der Polizeistrafrichter erklärt sodann den Stand der Angelegenheit und erinnert die Parteien an ihre Rechte.

Beweisverfahren.

§ 122. Die Beweise sind in der Regel in der Verhandlung aufzunehmen.

Eine Beweisaufnahme außerhalb der Verhandlung ist nur in den in dieser Verordnung bestimmten Fällen statthaft.

Hinsichtlich der Anordnung und des Vollzuges der im Laufe des meritorischen Verfahrens notwendig gewordenen Vorführung, vorläufigen Festnahme, Beschlagnahme, Hausdurchsuchung, Leibesdurchsuchung und des behördlichen Augenscheines sind die Vorschriften des vierten Hauptstückes maßgebend.

§ 123. Wenn die Beweise der der Verhandlung zugrunde liegenden Anklage von einem kgl. Gerichte bereits festgestellt wurden, kann sich der Polizeistrafrichter auf die Verlesung der Akten beschränken, er kann aber im Bedarfsfalle die Beweise von neuem aufnehmen oder ergänzen.

Das Verhör des Beschuldigten.

§ 124. Auf die Anklage kann in erster Reihe der Beschuldigte sich äußern.

Im Protokoll sind die die Personsidentität des Beschuldigten beweisenden Daten festzustellen, und zwar der Name, das Alter, die

Religion, der Stand, der Geburts- und Wohnort des Beschuldigten, seine Heimatszuständigkeit, Beschäftigung, seine militärdienstlichen und Vermögensverhältnisse, ferner, ob er bereits bestraft war und wenn ja, wo, wann und weshalb?

In jenen Fällen, wo für Zwecke der Landesstrafevidenz eine Strafkarte öder ein Fingerabdrucksblatt und Fingerabdrucksbeiblatt ausgestellt werden muß (§ 1, Punkte c und d, ferner § 8, Punkt r und § 12 der Verordnung des Justizministers und des Ministers des Innern Nr. 24300 Just.-Min. vom Jahre 1908), sind alle jene Daten festzustellen, die zur Ausstellung der Strafkarte und des Fingerabdrucksbeiblattes notwendig sind.

Hierauf befragt der Polizeistrafrichter den Beschuldigten, ob er die Anklage verstanden habe; nach Bedarf erklärt er dem Beschuldigten dieselbe und stellt an ihn die Frage, ob er sich schuldig bekenne.

Der Beschuldigte darf in seiner Aussage nicht beeinflußt werden; auch darf er zur feierlichen Bekräftigung seiner Aussage nicht verhalten werden.

An den Beschuldigten unmittelbar darf nur der Polizeistrafrichter Fragen stellen.

Wenn der Beschuldigte die Begehung der Übertretung gesteht und sein Geständnis mit den übrigen Daten des Verfahrens im Einklang steht und vollkommen erschöpfend ist, so kann der Polizeistrafrichter von dem weiteren Beweisverfahren absehen.

Wenn der Beschuldigte die Begehung der Übertretung leugnet, oder wenn der Polizeistrafrichter die Beweisaufnahme aus einem andern Grunde für notwendig erachtet, wird zur Beweisaufnahme geschritten.

Von mehreren Beschuldigten ist ein jeder abgesondert zu verhören. Die Beschuldigten können einander und den Zeugen gegenübergestellt werden.

Der anwesende Beschuldigte kann auf die Aussage der Zeugen, die Erklärung des Sachverständigen und auf alle andern Beweise Bemerkungen vorbringen.

Wenn der Beschuldigte außerhalb des Sprengels des Polizeistrafgerichtes wohnt oder sich aufhält und sein Erscheinen wegen der Entfernung seines Wohn- oder Aufenthaltsortes oder aus einem andern Grunde Schwierigkeiten begegnet, so kann der Pölizeistrafrichter, vorausgesetzt, daß das persönliche Erscheinen des Beschuldigten nicht unbedingt notwendig ist, wegen seines Verhörs die nach seinem Wohn- oder Aufenthaltsort zuständige Behörde (§§ 138, 139) ersuchen.

§ 125. Wenn der Polizeistrafrichter die Sprache des Beschuldigten nicht versteht, ist ein Dolmetsch zu verwenden.

Wenn der Beschuldigte taub ist, jedoch lesen kann, sind die Fragen schriftlich an ihn zu stellen; wenn er stumm ist, jedoch schreiben kann, ist er aufzufordern, seine Antworten schriftlich abzugeben oder in das Protokoll einzutragen. Wenn sein Verhör auch in dieser Weise nicht bewirkt werden kann, ist als Dolmetsch eine solche Person zu verwenden, die sich mit dem Beschuldigten verständigen kann.

Der Dolmetsch hat folgenden Eid zu leisten:

„Ich N. N. schwöre bei Gott, dem Allwissenden und Allmächtigen, daß ich all dasjenige, was mir zur Verdolmetschung mitgeteilt wird, nach meinem besten Wissen getreu und genau verdolmetschen werde. So wahr mir Gott helfe!"

Wer behauptet, daß der Eid seiner religiösen Überzeugung widerstrebt, leistet statt des Eides folgendes feierliches Gelöbnis:

„Ich N. N. gelobe bei meiner Ehre und meinem Gewissen, daß ich all dasjenige, was mir zur Verdolmetschung mitgeteilt wird, nach meinem besten Wissen getreu und genau verdolmetschen werde."

Der Eid oder das Gelöbnis kann unterbleiben, wenn der Polizeistrafrichter erachtet, daß von ihm nach den Umständen abgesehen werden kann.

§ 126. Wenn der Beschuldigte zu der Verhandlung nach ihrem Beginn, jedoch noch vor ihrer Beendigung erschienen ist, ist ihm das Ergebnis des abgelaufenen Teiles der Verhandlung kurz mitzuteilen; im weiteren Verlauf der Verhandlung ist gegen ihn im Sinne der §§ 124—125 zu verfahren.

Zeugen.

§ 127. Als Zeuge kann mit den unten aufgezählten Ausnahmen jedermann verhört werden; zu diesem Behufe ist jedermann, von dem angenommen werden kann, daß er von den zu beweisenden Tatumständen auf unmittelbarer Wahrnehmung beruhende Kenntnis hat, verpflichtet, auf Vorladung vor dem Polizeistrafgericht zu erscheinen und auszusagen.

Als Zeuge kann auch der Verletzte und der Fachvertreter verhört werden.

§ 128. Als Zeugen können nicht verhört werden:

1. der Seelsorger bezüglich dessen, was ihm in der Beichte oder sonst unter der kirchlichen Verpflichtung der Geheimhaltung mitgeteilt worden ist;

2. der Bevollmächtigte bezüglich dessen, was der Beschuldigte ihm als seinem Verteidiger mitgeteilt hat;

3. die im öffentlichen Dienste stehenden oder aus demselben getretenen Personen hinsichtlich eines solchen Umstandes, bezüglich dessen sie durch die Zeugenaussage die Pflicht der amtlichen oder dienstlichen Geheimhaltung verletzen würden, wenn sie seitens ihrer zuständigen vorgesetzten Behörde dieser ihrer Pflicht nicht enthoben worden sind.

Wegen der nach Punkt 3 notwendigen Enthebung ersucht der Polizeistrafrichter von Amts wegen die zur Erteilung zuständige höhere Behörde. Die Enthebung kann nur aus öffentlichem Interesse verweigert werden.

§ 129. Die Zeugenschaft können verweigern:

1. folgende Angehörigen des Beschuldigten: der Anverwandte oder Schwager des Beschuldigten in auf- oder absteigender Linie, sein Geschwisterkind oder näher stehender Seitenverwandter, seine Ehehälfte oder sein Verlobter (Verlobte), die Geschwister seiner Ehehälfte, die Ehehäfte seiner Geschwister, die Wahl- oder Pflegeeltern, das adoptierte oder Ziehkind, der Vormund, Kurator, das Mündel oder der Kurand desselben, und zwar bezüglich der im Ehe- oder Schwagerschaftsverhältnis Befindlichen ohne Rücksicht darauf, ob die Ehe, auf welcher dieses Verhältnis beruht, noch aufrecht besteht;

2. der Advokat, der öffentliche Notar, der Arzt, der Chirurg, der Apotheker, die Hebamme und deren Gehilfe bezüglich dessen, was ihnen in dem mit ihrem Beruf verbundenen Vertrauen unter dem Siegel der Verschwiegenheit anvertraut wurde, wenn die Partei sie der Pflicht der Geheimhaltung nicht entbunden hat.

Die in diesem Paragraph aufgezählten Personen sind vor ihrem Verhör, oder wenn das fragliche Verhältnis sich später herausstellt, während der Aussage aufmerksam zu machen, daß sie berechtigt sind, die Zeugenschaft zu verweigern. Ihre hierauf gegebene Erklärung ist zu Protokoll zu nehmen.

§ 130. Der Zeuge kann zur Aussage oder zur Beantwortung irgend einer Frage nicht verpflichtet werden, wenn aus derselben für ihn oder seine Angehörigen (§ 129, Punkt 1) bedeutender Schaden oder Schande erwachsen würde

§ 131. Der Grund der Verweigerung der Zeugenschaft ist erforderlichenfalls glaubhaft zu machen. Die Glaubhaftmachung kann auch durch einen Eid erfolgen.

§ 132. Die Zeugen sind einzeln und in Abwesenheit der übrigen Zeugen der Angelegenheit zu verhören.

Zeugen, deren Aussagen voneinander abweichen oder einander widersprechen, können einander gegenübergestellt werden.

Die an den Zeugen zu richtenden Fragen stellt in der Regel der Polizeistrafrichter.

Die Parteien und die Bevollmächtigten können an den Zeugen auch unmittelbar Fragen richten. Die Stellung von Fragen, die nicht zur Sache gehören, oder die dem Zwecke des Verfahrens widerstreiten oder die Antworten auf solche Fragen kann der Polizeistrafrichter untersagen.

§ 133. Der Zeuge ist vor dem Verhör aufmerksam zu machen, daß er verpflichtet ist, nach bestem Wissen und Gewissen die reine und volle Wahrheit zu sagen und daß er seine Aussage eventuell auch mit Eid oder mit Gelöbnis bekräftigen muß. Der Zeuge ist gleichzeitig erforderlichenfalls über die Folgen einer falschen Aussage aufzuklären. Die behördlich beeideten Feld- und Forstwächter und andern polizeilichen Organe sind nach Erinnerung auf ihren Amtseid zu verhören.

Der Zeuge ist vor allem auf die die persönlichen Verhältnisse betreffenden allgemeinen Fragen zu verhören. Er ist erforderlichenfalls auch über sein Verhältnis zu den Parteien und über solche Umstände zu befragen, die seine Glaubwürdigkeit beeinflussen können.

Die Bestimmung des § 125 ist auch hinsichtlich des Verhörs des Zeugen anzuwenden. Wenn der Beschuldigte die Sprache des Zeugen nicht versteht, wird die Aussage vom Polizeistrafrichter oder vom Dolmetsch erklärt.

§ 134. Der Zeuge bekräftigt seine Aussage nach seinem Verhör in der Regel mit folgendem Eid:

„Ich N. N. schwöre bei Gott, dem Allwissenden und Allmächtigen, daß ich auf die an mich gestellten Fragen nach meinem besten Wissen die reine Wahrheit ausgesagt und davon, was diese Fragen betrifft, nichts verschwiegen habe. So wahr mir Gott helfe!"

Wer behauptet, daß der Eid seiner religiösen Überzeugung widerstrebt, leistet statt des Eides folgendes feierliches Gelöbnis:

„Ich N. N. gelobe bei meiner Ehre und meinem Gewissen, daß ich auf die an mich gestellten Fragen nach meinem besten Wissen die reine Wahrheit ausgesagt und davon, was diese Fragen betrifft, nichts verschwiegen habe."

§ 135. Die Beeidigung oder die Angelobung ist zu unterlassen:

1. wenn der Verdacht vorliegt, daß die Übertretung vom Zeugen selbst begangen wurde, oder daß er an der Übertretung teilgenommen hat;

2. wenn er wegen falscher Zeugenschaft oder wegen falschen Eides rechtskräftig verurteilt war, obschon er die Strafe bereits abgebüßt hat;

3. wenn er zur Zeit seiner Vernehmung das vierzehnte Lebensjahr noch nicht überschritten hat, oder wenn er bei Unentwickeltheit oder Schwäche seines Verstandes keinen richtigen Begriff von der Bedeutung des Eides oder des Gelöbnisses besitzt;

4. wenn er wegen körperlichen oder geistigen Gebrechens die Wahrheit nicht erkennen konnte, oder sie mitzuteilen nicht im Stande ist;

5. wenn es sich herausstellt, daß er mit dem Beschuldigten in einem solchen feindlichen Verhältnis steht, welches die Wahrheit seiner denselben belastenden Aussage zweifelhaft macht;

6. wenn seine Aussage bezüglich eines wesentlichen Umstandes sich als unwahr erwiesen hat und nicht nachgewiesen werden kann, daß er nur aus Versehen eine unwahre Aussage gemacht hat.

§ 136. Der Polizeistrafrichter kann von der Beeidigung oder der Angelobung auch außer den Fällen der vorhergehenden Paragraphen absehen, wenn die Aussage nach seiner Überzeugung im Hinblick darauf, daß sie schwankend war, oder angesichts des Vorlebens des Zeugen, seines Verhältnisses zu dem Beschuldigten oder der sonstigen Umstände des Falles auch im Falle der eidlichen Bekräftigung keinen Glauben verdienen würde, oder wenn der Polizeistrafrichter die Aussage des Zeugen auch ohne eidliche Bekräftigung für glaubwürdig erachtet.

Die Beeidigung des als Zeugen vernommenen Privatanklägers und Verletzten hängt von dem Ermessen des Polizeistrafrichters ab.

§ 137. Wenn ein Mitglied des kgl. Hauses oder eine solche Person verhört werden müßte, der die Exterritorialität oder die persönliche Befreiung (§ 15) zukommt, ist an den Minister des Innern zu berichten.

Hinsichtlich einer solchen Person, der das Immunitätsrecht zukommt, ist die bestehende Gepflogenheit maßgebend.

§ 138. Wenn das Polizeistrafgericht das persönliche Erscheinen eines außerhalb seines Sprengels, jedoch innerhalb des Geltungsgebietes dieser Verordnung wohnenden oder sich aufhaltenden Zeugen nicht für unbedingt notwendig findet, oder wenn der Zeuge in Kroatien-Slavonien wohnt oder sich aufhält, so ist wegen seines Verhörs die nach dem Wohn- oder Aufenthaltsort des Zeugen zuständige Verwaltungsbehörde unmittelbar zu ersuchen.

Der requirierten Behörde sind der zu erweisende Sachverhalt und die Fragen, über die der Zeuge verhört werden soll, mitzuteilen. Die requirierte Behörde kann jedoch an den Zeugen im Laufe seiner Vernehmung auch sonstige zur Klarstellung des Sachverhaltes notwendig erscheinenden Fragen stellen. Dies ist in dem an eine kroatisch-slavonische Verwaltungsbehörde gerichteten Ersuchen insbesonders zu erwähnen.

Wegen Vernehmung einer im aktiven Dienste stehenden Person der bewaffneten Macht oder der Gendarmerie kann auch das zuständige Militärgericht ersucht werden.

Die Polizeistrafgerichte haben die Requisitionen außer der Tour zu erledigen

§ 139. Wenn jene Person, die verhört werden muß, in Österreich wohnt oder sich aufhält, ist wegen ihrer Vernehmung die dort zuständige Behörde zu ersuchen; wenn sie in einem andern Staate wohnt oder sich aufhält und ihr Verhör unbedingt notwendig erscheint, ist wegen Erwirkung ihrer Vernehmung an den Minister des Innern zu berichten.

Sachverständige.

§ 140. Wenn zur Erkennung oder Beurteilung der zu beweisenden Tatsachen ein besonderes Sachverständnis notwendig ist, sind Sachverständige beizuziehen.

Der Sachverständige wird vom Polizeistrafrichter aus der Reihe der behördlichen Sachverständigen, in Ermangelung von solchen aus der Reihe anderer Sachverständigen bestellt.

Der Polizeistrafrichter kann begründetenfalls auch mehrere Sachverständige vernehmen. Die Partei kann auf eigene Kosten einen kontrollierenden Sachverständigen beiziehen.

Wenn ein Gesetz oder eine Ministerialverordnung die Einholung des Gutachtens von besonderen Sachverständigenkörperschaften oder über Sachverständnis verfügenden behördlichen Organen oder die Anhörung der von den Parteien beantragten Sachverständigen verfügt, so hat der Polizeistrafrichter das Gutachten derselben anzuhören. In solchen Fällen ist die Zuziehung des im zweiten Absatz bezeichneten amtlichen Sachverständigen nicht erforderlich.

In Fällen der feldpolizeilichen und Forstübertretungen sind bezüglich der Abschätzung des Schadens die diesfalls bestehenden besonderen Vorschriften maßgebend.

§ 141. Als Sachverständige können vom Polizeistrafrichter nicht verwendet werden: die als Zeugen nicht vernommen (§ 128) bzw. die Zeugenschaft verweigern können (§§ 129, 130), oder die ihre Aussage feierlich nicht bekräftigen können (§ 135), ferner der Verletzte und seine Angehörigen (§ 129, Punkt 1).

Von der Anordnung der Anhörung von Sachverständigen sind die Parteien bei Mitteilung des Namens des Sachverständigen zu verständigen.

Die Parteien können gegen den Sachverständigen vor Beginn des Augenscheines Einwendung erheben; wenn der Polizeistrafrichter die Einwendung für begründet erachtet und keine Gefahr am Verzuge ist, muß der beanständete Sachverständige abgelehnt und statt seiner ein anderer Sachverständiger zugezogen werden.

§ 142. Der vom Polizeistrafrichter bestellte behördliche Sachverständige und jener, der sein Fach als Erwerb ausübt, kann außer den Fällen des ersten Absatzes des § 141 seine Mitwirkung als Sachverständiger nicht verweigern.

Wer sich zur Erfüllung der Aufgabe eines Sachverständigen nicht für genügend fähig erachtet oder einen andern gewichtigen Grund vorbringt, kann von der Verwendung als Sachverständiger ausnahmsweise enthoben werden. In der Frage der Enthebung beschließt der amtshandelnde Polizeistrafrichter endgültig.

Eine im öffentlichen Dienste stehende Person kann als Sachverständiger nicht verwendet werden, wenn ihre vorgesetzte Behörde erklärt, daß dies gegen die Interessen des öffentlichen Dienstes verstößt.

§ 143. Der behördliche Sachverständige sowie der öffentliche Beamte, wenn er in seinem amtlichen Wirkungskreis ein Gutachten abgibt, ist vor Beginn seiner Sachverständigentätigkeit an seinen Amtseid zu erinnern.

Andere Sachverständige legen vor Beginn ihrer Tätigkeit folgenden Eid ab:

„Ich N. N. schwöre bei Gott, dem Allwissenden und Allmächtigen, daß ich mein Gutachten in den mir vorgelegten Fragen nach genauer Prüfung ohne jedwede Parteilichkeit und Nebenrücksichten, nach meinem besten Wissen und nach meinen Fachkenntnissen wahrheitsgetreu vortragen werde. So wahr mir Gott helfe!“

Wer behauptet, daß der Eid seiner religiösen Überzeugung widerstrebt, leistet statt des Eides folgendes feierliches Gelöbnis:

„Ich N. N. gelobe bei meiner Ehre und meinem Gewissen, daß ich mein Gutachten in den mir vorgelegten Fragen nach genauer Prüfung ohne jedwede Parteilichkeit und Nebenrücksichten, nach meinem besten Wissen und nach meinen Fachkenntnissen wahrheitsgetreu vortragen werde!"

Die Beeidigung oder die Angelobung kann unterbleiben, wenn der Polizeistrafrichter erachtet, daß von ihr zufolge der obwaltenden Umstände abgesehen werden kann.

§ 144. Die Fragen an den Sachverständigen werden vom Polizeistrafrichter gestellt. Bezüglich der Gegenstand der Untersuchung oder des Gutachtens bildenden Umstände können auch die Parteien an den Sachverständigen Fragen richten, der Polizeistrafrichter kann ihn aber von der Beantwortung aus wichtigen Gründen entheben.

Der Sachverständige kann sein Gutachten zu Protokoll geben, oder bei der Verhandlung selbst in das Protokoll eintragen oder aber innerhalb einer vom Polizeistrafrichter festgesetzten Präklusivfrist schriftlich abgefaßt vorlegen.

Die Parteien und ihre Bevollmächtigten können das Sachverständigengutachten einsehen und dasselbe in Abschrift nehmen.

Der kontrollierende Sachverständige kann bei dem Augenschein und der Einvernahme der Sachverständigen anwesend sein, er kann ihr Gutachten einsehen und auf dasselbe und auf ihr Vorgehen schriftlich oder mündlich Bemerkungen vorbringen.

Die Modalitäten der Beeidigung oder der Angelobung und die Rechtsfolgen der Verweigerung der Eidesleistung oder der Angelobung.

§ 145. Der Zeuge, der Sachverständige und der Dolmetsch leisten den Eid oder das Gelöbnis in der Weise, daß der Polizeistrafrichter denjenigen, der den Eid oder das Gelöbnis ablegt, an die schweren Folgen des falschen Eides (des Gelöbnisses) aufmerksam macht, sodann den Text des Eides (des Gelöbnisses) vorliest, welchen der Betreffende nachspricht und dabei seine rechte Hand am Herzen hält.

Die Stummen und die Taubstummen leisten, wenn sie schreiben und lesen können, den Eid oder das Gelöbnis mittels Unterschreibens des Textes, die Tauben aber lesen den ihnen vorgehaltenen Text vor. Wenn die Tauben, die Stummen oder die Taubstummen weder lesen noch schreiben können, legen sie den Eid oder das Gelöbnis unter Mitwirkung eines Dolmetsches mittels Zeichensprache ab.

Der Zeuge oder der Sachverständige, der die Aussage, die Leistung des Eides oder des Gelöbnisses ohne gesetzlichen Grund ungeachtet der Ermahnung an die Folgen verweigert, ist mit einer bis zu hundert Kronen sich erstreckenden Geldstrafe zu bestrafen. Wenn die Geldstrafe erfolglos geblieben ist, ist gegen den sich weigernden Zeugen oder Sachverständigen neuerdings eine bis zu zweihundert Kronen sich erstreckende Geldstrafe zu verhängen. Die

Geldstrafe kann im Falle der Uneinbringlichkeit in Gemäßheit des § 22 des G.A. XL: 1879 in Arrest umgewandelt werden.

Wenn der Zeuge bei seiner Weigerung auch weiter verharrt, kann er verhaftet werden; die Haft kann bis zur Beendigung der Verhandlung bzw. so lange dauern, bis es sich herausstellt, daß die Aussage des Zeugen überflüssig ist, sie kann aber nicht länger als fünfzehn Tage dauern.

Der die Zeugenschaft verweigernde Zeuge oder Sachverständige ist überdies zur Zahlung der verursachten Kosten zu verpflichten.

Wenn eine der Militärgerichtsbarkeit unterstellte Person die Aussage, die Leistung des Eides oder des Gelöbnisses verweigert, so ist wegen ihrer Bestrafung und eventuell wegen Einbringung der verursachten Kosten ihr vorgesetztes Kommando zu ersuchen.

Der Umstand, ob der Zeuge, der Sachverständige oder der Dolmetsch einen Eid oder ein Gelöbnis abgelegt hat, eventuell der Grund der Unterlassung der Beeidigung oder der Angelobung, desgleichen die gegen den sich Weigernden angewendeten Zwangsmaßregeln sind im Protokoll kurz zu erwähnen.

Beendigung der Verhandlung.

§ 146. Nach Beendigung der Beweisaufnahme können über Aufforderung des Polizeistrafrichters der Vertreter der Anklage seine Erklärung, sodann der Beschuldigte und sein Bevollmächtigter die Verteidigung kurz vorbringen.

Wenn in Vertretung der Anklage der Fiskal auftritt, kann der Fachvertreter und der Verletzte im Gegenstand der Anklage ergänzende oder Ersatzanträge stellen; der Verletzte kann bezüglich des privatrechtlichen Anspruches sich äußern.

Die Parteien können mehr als einmal nur mit Bewilligung des Polizeistrafrichters das Wort ergreifen; das letzte Wort gebührt aber immer dem Beschuldigten. Wenn gegen mehrere Beschuldigte verhandelt wird, bestimmt der Polizeistrafrichter die Reihenfolge ihrer Äußerungen.

Der Polizeistrafrichter hat vor der Äußerung des Beschuldigten den Inhalt des Anklageantrages und die zu seiner Verteidigung vorgebrachten Daten erforderlichenfalls kurz zu erläutern.

Wenn die Beschaffung von weiteren Daten oder Beweisen nicht notwendig ist, wird die Verhandlung vom Polizeistrafrichter nach den Äußerungen abgeschlossen, sie kann aber nach Bedarf von neuem eröffnet werden.

Wenn gegen den Beschuldigten im Laufe der Verhandlung außer der Gegenstand des Verfahrens bildenden Übertretung auch Anzeichen einer andern Übertretung zum Vorschein kommen, kann die Verhandlung wegen Anhörung des Fiskals oder auf Ansuchen des Beschuldigten zum Zwecke der Vorbereitung der Verteidigung vertagt werden.

Nach Abschluß der Verhandlung kann die Angelegenheit wegen Mangels der Zuständigkeit nicht abgetreten werden.

§ 147. Das Ergebnis der Beweisaufnahme wird vom Polizeistrafrichter bei sorgfältiger Abwägung der Beweise in ihrer Einzelheit und in ihrem Zusammenhang frei beurteilt.

§ 148. Der die Verhandlung leitende Polizeistrafrichter erbringt seinen Beschluß nach Beendigung der Verhandlung in der Regel sogleich.

Wenn die Angelegenheit kompliziert oder umfangreich ist und keine Gefahr am Verzug ist, kann die Beschlußfassung ausnahmsweise auf höchstens 3 Tage verschoben werden.

Verhandlungsprotokoll.

§ 149. Im Verhandlungsprotokoll ist in angemessener Kürze zu verzeichnen: der Gang der Verhandlung und ihre wesentlichen Momente, insbesondere das Wesen jener Behauptungen, Anträge, Ansuchen und sonstigen Erklärungen der Parteien, die für die Entscheidung der Angelegenheit wichtig erscheinen, die bezüglich der Anklage und des geltendgemachten privatrechtlichen Anspruches aufgenommenen Beweise, eventuell ob und welche Akten vorgewiesen, beigeschlossen oder verlesen wurden, weiters im Wortlaut die im Laufe der Verhandlung erbrachten Beschlüsse samt Begründung, schließlich jene Aufzeichnungen, deren Aufnahme in das Protokoll in dieser Verordnung besonders verfügt wird.

Bezüglich der Abfassung des Protokolles sind, soferne dieser Paragraph nicht abweichend verfügt, die §§ 60 und 61 maßgebend.

Jene Erklärungen, die bezüglich Feststellung des Tatbestandes der Übertretung oder bezüglich der Beweisführung wichtig erscheinen, sind nach Möglichkeit im Wortlaut anzuführen.

Die etwa vor der Verhandlung aufgenommenen andern Protokolle sowie der nach Beendigung des Verfahrens gefällte und in einen separaten Akt aufgenommene Beschluß sind dem Verhandlungsprotokoll beizuschließen.

Dem stummen Beschuldigten oder Zeugen kann — bei Anführung dieses Umstandes — gestattet werden, daß sie ihre Aussagen selbst ins Protokoll eintragen. Außer dieser Ausnahme dürfen die Parteien, ihre gesetzlichen Vertreter, ihre Bevollmächtigten und die Zeugen — die Fertigung der Aussage ausgenommen — in das Protokoll nichts eintragen.

Von der Vorlesung und Erklärung des Protokolls kann abgesehen werden, wenn die Parteien davon Abstand nehmen.

Sechstes Hauptstück.

Arten der Beschlüsse und ihre Mitteilung.

§ 150. Der Polizeistrafrichter beschließt außer dem Strafmandat (III. Hauptstück) mittels Urteiles oder Bescheides.

Jeder Beschluß, der in dieser Verordnung nicht ausdrücklich als Strafmandat oder Urteil bezeichnet wird, ist ein Bescheid.

Die Beschlüsse sind, mit Ausnahme der Vorladescheine, der Ersuchsschreiben und der an die unterstellten Behörden und Organe gerichteten Aufträge, zu begründen.

1. Einstellungsbescheid.

§ 151. Der Polizeistrafrichter erbringt einen Einstellungsbescheid:

1. wenn im Falle einer auf Privatantrag (Privatanklage) zu verfolgenden Übertretung der Privatankläger seine Privatanklage fallen gelassen hat (§ 32), oder wenn in der Verhandlung sich herausstellt, daß der Privatantrag des Berechtigten fehlt oder verspätet eingebracht wurde;

2. wenn im Laufe des Verfahrens ein sonstiger Umstand zum Vorschein gekommen oder festgestellt worden ist, der die Einleitung oder Fortsetzung des Verfahrens ausschließt;

3. wenn in betreff der Gegenstand der Anklage bildenden Handlung bereits früher ein rechtskräftiges Urteil, Strafmandat oder ein rechtskräftiger Einstellungsbescheid geschöpft worden ist.

Gegen den Einstellungsbescheid ist in der Regel die Berufung bis zur dritten Instanz zulässig.

Wenn der Einstellungsbescheid auf Grund des Punktes 1 wegen Fallenlassens der Privatanklage erbracht wurde, kann nur der über die Kosten verfügende Teil desselben mittels Rekurs angefochten werden; wegen Versäumung des Verhandlungstermines oder der festgesetzten Frist ist jedoch die Rechtfertigung statthaft.

§ 152. Wenn das Verfahren vom Polizeistrafrichter aus dem Grunde eingestellt wurde, weil der Privatankläger an der Verhandlung ohne vorherige Anmeldung weder persönlich erschienen ist, noch sich durch einen Bevollmächtigten vertreten ließ, und der Privatankläger oder sein Bevollmächtigter zu der Verhandlung zu einer Zeit erscheint, wo die übrigen Vorgeladenen das Amtslokal noch nicht verlassen haben, so ist der Einstellungsbescheid außer Wirksamkeit zu setzen und die Verhandlung abzuhalten. Gegen diesen Bescheid ist ein Rekurs nicht zulässig.

2. Urteil.

§ 153. Das Urteil kann nur auf die in der Verhandlung aufgenommenen oder vorgebrachten Beweise gegründet werden.

Eine Tat, auf die die Anklage und die Beweisaufnahme sich nicht erstreckt haben, kann nicht Gegenstand des Urteiles sein.

Die Anklage bindet den Polizeistrafrichter weder in der Qualifikation der Handlung, noch in der Bemessung der Strafe.

§ 154. Der Beschuldigte wird in dem Urteil vom Polizeistrafrichter von der Anklage freigesprochen oder für schuldig erklärt.

Ein Freispruch wegen Unzulänglichkeit oder Nichtfeststellbarkeit der Beweise ist nicht statthaft.

Wenn der Polizeistrafrichter die Anordnung der Fürsorgeerziehung des jugendlichen Beschuldigten für notwendig erachtet, so fällt er kein Urteil, sondern hat in Gemäßheit des letzten Absatzes des § 33 des G. A. XXXVI: 1908[1]) vorzugehen.

§ 155. Ein freisprechendes Urteil ist zu fällen:

1. wenn die zum Gegenstand der Anklage gemachte Handlung keine strafbare Handlung ist;

2. wenn die Begehung der der Anklage zugrunde liegenden Handlung oder der Umstand, daß der Beschuldigte die Handlung begangen habe, nicht bewiesen wurde;

3. wenn eine die Zurechnungsfähigkeit ausschließende oder die Strafbarkeit aufhebende Ursache vorhanden ist.

§ 156. In dem einleitenden Teile des Urteils sind zu bezeichnen: das amtshandelnde Polizeistrafgericht und die Übertretungsangelegenheit nebst Anführung dessen, wer die Anklage an der Verhandlung vertreten hat; es sind weiters der Ort und Zeitpunkt der abgehaltenen Verhandlung sowie die etwaige Ausschließung der Öffentlichkeit anzuführen.

Sowohl das freisprechende als auch das Strafurteil hat in dem verfügenden Teil zu enthalten:

1. den Namen des Beschuldigten und die Aufzählung seiner persönlichen Verhältnisse (zweiter Absatz des § 124), ausgenommen, ob er bestraft war oder nicht;

2. die Benennung der Gegenstand der Anklage bildenden Übertretung;

3. die Verfügung betreffend die Kosten des Verfahrens;

4. im entsprechenden Fall die Verfügung hinsichtlich der im Laufe des Verfahrens mit Beschlag belegten und bis zur Fällung des Urteils dem Berechtigten nicht zurückgestellten corpora delicti und hinsichtlich der sonstigen Depositen;

5. im entsprechenden Fall die Verfügung hinsichtlich des im Laufe des Verfahrens geltendgemachten privatrechtlichen Anspruches oder hinsichtlich sonstiger Fragen sowie im Falle der Verurteilung (in die Kosten) oder Verpflichtung die Leistungsfrist.

---

[1]) § 33, letzter Absatz des G. A. XXXVI: 1908 (Strafgesetznovelle) lautet: „Erachtet die Verwaltungsbehörde die Anordnung der Fürsorgeerziehung für notwendig, so leitet sie die Sache zum Zwecke des Verfahrens an das zuständige kgl. Bezirksgericht und veranlaſst, wenn das Interesse des Jugendlichen keinen Aufschub zuläſst, die zeitweilige Aufnahme des Jugendlichen in das zunächst befindliche staatliche Kinderasyl."

Die Fürsorgeerziehung ordnet das Gericht für eine unbestimmte Dauer an, doch kann dieselbe sich nicht über den Zeitpunkt der Vollendung des einundzwanzigsten Lebensjahres des Jugendlichen erstrecken. Dem Zweck der Fürsorgeerziehung dienen staatliche und andere, vom Justizminister als hierfür geeignet befundene Anstalten (§ 24 der Strafgesetznovelle). Wenn der der Fürsorgeerziehung unterzogene Jugendliche wenigstens ein Jahr in der Anstalt zugebracht hat und vollkommen gebessert erscheint, entläſst ihn der Justizminister nach Anhörung der Aufsichtsbehörde versuchsweise auf die Dauer einer zweijährigen Bewährungsfrist (§ 25 der Strafgesetznovelle).

Der verfügende Teil des Strafurteils hat außer dem oben Angeführten zu enthalten:

a) die Bezeichnung der festgesetzten Übertretung mit Anführung der für die Unterscheidung notwendigen Tatumstände;

b) jenen Paragraph (bzw. auch jenen Punkt) des Gesetzes, der Ministerialverordnung oder des Statutes, der die Handlung für eine Übertretung erklärt; im Falle das Verfahren auf einem Statut beruht, auch die Geschäftszahl jener Verordnung des betreffenden Ministers, unter welcher das Statut genehmigt worden ist;

c) die Art und das Maß der verhängten Strafe und Nebenstrafe mit Anführung der angewendeten Paragraphen;

d) im Falle der Festsetzung einer Geldstrafe die Leistungsfrist und ob die Geldstrafe binnen der Leistungsfrist bei sonstiger Exekution zu erlegen sei; weiters die Verfügung, von welcher Dauer der Arrest sei, in den die Geldstrafe im Falle der Uneinbringlichkeit umgewandelt werden muß;

e) die Verurteilung des Beschuldigten in die Kosten des Verfahrens;

f) die Verfügung hinsichtlich der Verwendung der Geldstrafe und die Benennung jener Gemeinde, welcher im Sinne des § 23 des G. A. XX: 1901 die Hälfte der Geldstrafe sowie des aus der Verwertung von konfiszierten und herrenlosen Gütern einlaufenden Betrages gebührt;

g) im entsprechenden Fall die in Gemäßheit einzelner Gesetze oder anderer Rechtsnormen im Urteil zu treffenden sonstigen Verfügungen über die Rechtsfolgen der Verurteilung;

h) in Fällen, wo das Urteil nach einem Gesetz auch vor eingetretener Rechtskraft vollzogen werden kann, den Ausspruch dessen.

Im Falle des bedingten Aufschubes des Strafvollzuges ist der Strafaufschub unter Berufung auf den § 8 des G. A. XXXVI: 1908[1]) auf eine einjährige Bewährungsfrist auszusprechen. Hinsichtlich des Aufschubes muß in dem Urteil des Polizeistrafrichters erster Instanz die Genehmigung der Behörde zweiter Instanz ausdrücklich vorbehalten werden (§ 11 des G. A. XXXVI: 1908).

Wenn im Falle des Zusammentreffens von Übertretungen der Polizeistrafrichter den Beschuldigten von der Anklage irgend einer Handlung freispricht, ist dies im verfügenden Teil des Urteils gleichfalls zum Ausdruck zu bringen.

In dem gegen den vorläufig festgenommenen Beschuldigten gefällten Urteil ist auch in der Frage der Einrechnung der in vorläufiger Festnahme verbrachten Zeit in die Strafe oder der Versetzung des Beschuldigten auf freien Fuß zu beschließen.

---

[1]) § 8 des G. A. XXXVI: 1908 (Strafgesetznovelle) lautet:

„Das Gericht kann den, in einer einen Monat nicht übersteigenden Dauer verhängten Arrest und die Geldstrafe für die Dauer einer einjährigen Bewährungsfrist aufschieben.

Auf den Aufschub sind im übrigen die §§ 1—6 des gegenwärtigen Gesetzes anzuwenden."

Sofern ein Gesetz für den Fall der Uneinbringlichkeit der verhängten Geldstrafe statt des Arrestes die Festsetzung einer öffentlichen Arbeit zuläßt und der Polizeistrafrichter die öffentliche Arbeit ausspricht, ist in dem Urteil auch die Dauer der öffentlichen Arbeit zu bestimmen und zu verfügen, von welcher Dauer der Arrest sei, der im Falle der Nichtleistung der öffentlichen Arbeit an deren Stelle tritt.

§ 157. In der Begründung des Urteils, die von dem verfügenden Teil abzusondern ist, sind in Kürze anzuführen, welche Tatsachen und aus welchen Gründen der Polizeistrafrichter als bewiesen oder als nicht bewiesen erachtet, ferner jene rechtlichen Gründe, die der Freisprechung oder der Verurteilung als Grundlage gedient haben.

In dem Strafurteil sind überdies hervorzuheben: die erschwerenden und die mildernden Umstände und insbesonders, wenn der Polizeistrafrichter den § 21 des G. A. XL: 1879[1]) angewendet oder den Vollzug der Strafe bedingungsweise aufgeschoben hat, die diesfalls vorhandenen Gründe.

3. Mitteilung der Beschlüsse.

§ 158. Das Polizeistrafgericht teilt die Beschlüsse den anwesenden Interessenten mittels Verkündung, den abwesenden Interessenten mittels Zustellung mit.

Im Falle der Verkündung ist im Protokoll anzumerken, daß sie erfolgt ist. Die Partei kann den ihm verkündeten Beschluß in Abschrift nehmen.

Die Beschlüsse können dem Fiskal auch mittels Übersendung des Originalkonzeptes mitgeteilt werden.

§ 159. Die Beschlüsse sind in der Regel dem Interessenten, oder wenn der Interessent durch einen Advokaten oder eine der im letzten Absatz des § 37 bezeichneten Personen vertreten wird, diesen mitzuteilen.

Das Strafurteil ist dem Beschuldigten in jedem Falle mitzuteilen.

§ 160. Dem Fiskal sind die in den Punkten 1—5 des § 24 bestimmten, ferner jene Urteile und Bescheide mitzuteilen, deren Mitteilung er begehrte.

Dem Fachvertreter sind die gefällten Urteile und die Bescheide nur in jenen Fällen mitzuteilen, in welchen er in Vertretung der Anklage vorgegangen ist, oder in welchen die Mitteilung ein Gesetz oder eine Ministerialverordnung vorschreibt oder der Fachvertreter begehrt hat.

§ 161. Ein rechtskräftiges Urteil, das für den Verurteilten die Untersagung der Ausübung einer eine Fachbildung erfordernden oder von behördlicher Bewilligung abhängenden Beschäftigung oder

---

[1]) § 21 des G. A. XL: 1879 (über die Übertretungen) lautet:
„Wenn die mildernden Umstände überwiegend sind, kann statt Arrest auf Geldstrafe erkannt werden.“

die Untersagung der Ausübung irgendeines Rechtes oder in Rechtsfolge der Verurteilung eine Verfügung seitens einer andern Behörde nach sich zieht oder nach sich ziehen kann, ist der für die weitere Amtshandlung zuständigen Behörde von Amts wegen mitzuteilen.

Rechtskräftige Beschlüsse, die gegen im öffentlichen Dienste stehende Personen oder Personen der vom Gesetz kreierten Körperschaften oder Anstalten gefällt werden, sind ihren vorgesetzten Behörden mitzuteilen, wenn der Beschluß eine Arreststrafe festsetzt oder wenn die begangene Übertretung in sonstiger Beziehung eine Disziplinarstrafe nach sich ziehen kann.

Sämtliche rechtskräftigen Strafbeschlüsse, die gegen im Dienste der Polizei- oder der Finanzwache stehende Personen erbracht werden, sind ihren vorgesetzten Behörden mitzuteilen.

Die wegen Übertretungen der Wehrgesetze sowie der auf Grund derselben hinausgegebenen Vorschriften gefällten rechtskräftigen Straferkenntnisse sind dem zuständigen Heeres-Ergänzungsbezirkskommando beziehungsweise Landwehr-Ergänzungskommando mitzuteilen.

Diese Vorschriften sind auch in jenen Fällen anzuwenden, wo der Vollzug der verhängten Strafe bedingungsweise aufgeschoben wurde.

Wenn das Verfahren vor dem Polizeistrafgericht wegen einer Übertretung gegen einen solchen Beschuldigten im Zuge war, bezüglich dessen eine von dem kgl. Gericht verhängte und bedingungsweise aufgeschobene Strafe noch in Wirksamkeit steht, und das Polizeistrafgericht den Vollzug der vom kgl. Gericht aufgeschobenen Strafe zufolge der bei ihm anhängigen polizeilichen Strafsache im Sinne des zweiten oder dritten Satzes des § 4 des G. A. XXXVI: 1908[1]) für begründet erachtet: werden sämtliche Strafakten nach rechtskräftiger Beendigung des polizeilichen Strafverfahrens an das kgl. Gericht übersendet, das die Strafe aufgeschoben hat.

Jene speziellen Rechtsnormen, die verfügen, daß die in gewissen Übertretungssachen erbrachten Beschlüsse irgend einer Behörde oder einem Amt mitzuteilen sind, bleiben in Kraft.

§ 162. Der in der Verhandlung erbrachte Beschluß ist den Anwesenden sogleich zu verkünden.

Die Verkündung des Urteils erfolgt mittels Verlesung des ver-

---

[1]) § 4 des G. A. XXXVI: 1908 (Strafgesetznovelle) lautet:

„Wenn vor Ablauf der Bewährungsfrist gegen den Verurteilten das Strafverfahren wegen einer während der Bewährungsfrist begangenen Handlung eingeleitet wird und das Gericht ihn im Laufe des neuen Verfahrens wegen Verbrechens verurteilt oder gegen ihn wegen vorsätzlich begangenen Vergehens eine Gefängnisstrafe verhängt, so ist die aufgeschobene Strafe ohne Feststellung einer Gesamtstrafe zu vollziehen. In den sonstigen Fällen der Verurteilung entscheidet das amtshandelnde Gericht unter Würdigung der Umstände des Falles darüber, ob auch die aufgeschobene Strafe zu vollziehen ist. In ähnlicher Weise entscheidet das Gericht im Falle eines Freispruches, wenn sich derselbe auf die Zurücknahme des Antrages gründet."

fügenden Teiles. Wenn das Urteil noch nicht zur Gänze schriftlich abgefaßt ist, so ist das Wesen der Gründe mündlich vorzutragen.

Wenn der Polizeistrafrichter die Fällung des Beschlusses aufschiebt (zweiter Absatz des § 148) und die Parteien innerhalb der Grenzen des Amtssitzes des Polizeistrafgerichtes oder zwar außerhalb derselben, jedoch nicht weiter als sechzehn Kilometer wohnen, kann er für die Verkündung sogleich einen Termin festsetzen und ladet für denselben die Anwesenden mündlich vor. In einem solchen Fall ist der Beschluß vor der Verkündung zur Gänze schriftlich abzufassen.

Jedes Urteil, das in der Verhandlung verkündet wird, muß innerhalb der der Verkündung folgenden drei Tagen in jenen Teilen, die noch nicht schriftlich abgefaßt sind, zur Gänze schriftlich abgefaßt werden.

Die Verkündung ist auch im Falle des Wegbleibens der Parteien gültig, ausgenommen gegenüber dem Fiskal und dem Fachvertreter die ihnen mitzuteilenden Beschlüsse, weiters gegenüber dem Verurteilten das Strafurteil bzw. den die Verurteilung (in die Kosten) beibehaltenden Beschluß. Diese Beschlüsse sind den Betreffenden, wenn sie zu der Verkündung nicht erschienen sind, mittels Zustellung mitzuteilen.

Bezüglich des Wegbleibens von der Verkündnng ist eine Rechtfertigung nicht statthaft.

Zur Verkündung des Arrest festsetzenden Urteils kann der Verurteilte unter Androhung der Vorführung vorgeladen werden.

§ 163. Gelegentlich der Verkündung des Urteils sind die Berechtigten auf ihr Appellationsrecht und auf die Art und Weise der Ausübung dieses Rechtes aufmerksam zu machen; sie sind weiters zu befragen, ob sie zu appellieren wünschen oder ob sie sich mit dem Urteil zufrieden geben.

Daß dies geschehen ist sowie die Erklärung der Berechtigten ist im Verhandlungsprotokoll nach dem Urteilstext in Form einer Klausel oder in dem über die Verkündung abgefaßten besonderen Protokoll aufzuzeichnen; diese Aufzeichnung wird vom Polizeistrafrichter sowie vom Protokollführer oder statt des letzteren von den anwesenden Parteien gefertigt.

Wenn der Polizeistrafrichter das Urteil mittels Zustellung mitteilt, so hat er die Berechtigten auf ihr Appellationsrecht und auf die Art und Weise der Ausübung dieses Rechtes durch eine auf der beglaubigten Ausfertigung des Beschlusses angeführten Verständigung aufmerksam zu machen.

Im Falle des bedingten Aufschubes des Strafvollzuges ist der Verurteilte mündlich oder im Falle des vorhergehenden Absatzes schriftlich auch auf die Folgen aufmerksam zu machen, die er durch Begehung einer neuen strafbaren Handlung sich zuziehen würde.

§ 164. Die Beschlüsse der höheren Instanzen werden vom Polizeistrafgericht erster Instanz den Interessenten mittels Zustellung mitgeteilt.

Wenn die Parteien innerhalb der Grenzen des Amtssitzes des Polizeistrafgerichtes oder außerhalb derselben, jedoch nicht weiter als sechzehn Kilometer wohnen, kann das Polizeistrafgericht zur Verkündung des Urteils einen Termin festsetzen und für diesen die Interessenten vorladen. Die Absätze fünf, sechs und sieben des § 162 sind auch in diesem Fall anzuwenden.

§ 165. Die Zustellung erfolgt nach den Bestimmungen der im Verwaltungsverfahren geltenden Zustellungsvorschrift.

Der Vorladeschein, mit welchem zum persönlichen Erscheinen verpflichtet wird, oder ein anderer solcher Beschluß ist dem Vorgeladenen, desgleichen das gegen den an der Verhandlung nicht erschienenen Beschuldigten gefällte Strafurteil dem Verurteilten nach den Vorschriften über die Zustellung zu eigenen Händen zuzustellen.

Wenn der Beschuldigte sich in unbekanntem Ort aufhält, ist nach versuchter Zustellung des für ihn bestimmten Beschlusses zum Zwecke der Ausforschung seines Aufenthaltsortes das Erforderliche zu veranlassen (§ 81).

4. Berichtigung.

§ 166. Die in den Beschlüssen bei Namen, Zahlen oder sonst vorkommenden etwaigen offenbaren Fehler kann diejenige Behörde, bei der diese Fehler geschehen sind, über Ansuchen der Partei oder auch von Amts wegen berichtigen. In dieser Weise geht die Behörde auch dann vor, wenn die Ausfertigung vom Originaltext abweicht.

Die Berichtigung ist auf jeder fehlerhaften Ausfertigung vorzunehmen oder, wenn dies nicht möglich wäre, der berichtigte Beschluß mit neuem Text hinauszugeben..

Die Berichtigung kann von der höheren Behörde auch von Amts wegen angeordnet werden.

Siebentes Hauptstück.

Rechtsmittel.

I. Berufung.

1. Im allgemeinen.

§ 167. Die Arten der Berufung sind: die Appellation und der Rekurs.

Gegen ein Urteil ist die Appellation und gegen einen Bescheid, sofern dies nach dieser Verordnung nicht ausgeschlossen ist, der Rekurs zulässig.

Im Falle der unrichtigen Benennung ist der Inhalt des Ansuchens maßgebend.

§ 168. Die Berufung kann sich sowohl gegen den verfügenden Teil als auch gegen die Begründung des Beschlusses kehren.

In der Berufung ist jener Teil der Verfügung oder Begründung des Beschlusses zu bezeichnen, gegen den dieselbe gerichtet ist. Ist dies nicht bezeichnet, so ist die Berufung als gegen den ganzen Beschluß oder die ganze Begründung gerichtet anzusehen.

§ 169. Die Berufungsfrist beträgt fünfzehn Tage, von dem der Verkündung oder Zustellung des Beschlusses folgenden Tag gerechnet.

§ 170. Die Berufung ist bei dem in der Angelegenheit in erster Instanz vorgehenden Polizeistrafgericht einzubringen.

Die nicht zuständige Behörde ist verpflichtet, die bei ihr eingebrachte Berufung an das zuständige Polizeistrafgericht unverzüglich zu übermitteln.

§ 171. Die Berufung kann mündlich oder schriftlich eingebracht werden.

Die mündlich eingebrachte Berufung ist vom Polizeistrafrichter kurz zu Protokoll zu nehmen. Das Protokoll hat die Bezeichnung der angefochtenen Teile des Beschlusses und das Ansuchen der Partei zu enthalten.

Die zur Berufung Berechtigten können die Berufung bis zu deren Vorlage bei dem Polizeistrafgericht erster Instanz einsehen und ihre Gegenbemerkungen vorbringen.

§ 172. Von Amts wegen mittels Bescheides ist zurückzuweisen jene Berufung, die von einem nach dieser Verordnung hiezu Nichtberechtigten oder zwar von einem hiezu Berechtigten, jedoch nach Ablauf der Berufungsfrist oder gegen einen mittels eines Rechtsmittels nicht anfechtbaren Beschluß eingebracht worden ist. Der gegen den die Berufung zurückweisenden Beschluß eingebrachte Rekurs kann von seiten des Polizeistrafgerichtes erster Instanz nur wegen Verspätung zurückgewiesen werden.

Über den gegen den zurückweisenden Bescheid eingelegten Rekurs entscheidet die Behörde zweiter Instanz endgültig.

Wenn jedoch die Behörde die gegen das Urteil eingelegte Appellation aus dem Grunde zurückweist, weil nach ihrer Ansicht die Appellation im Sinne der §§ 177—179 ausgeschlossen it, so ist in diesem Falle gegen den zurückweisenden Bescheid die Berufung bis zu der Behörde dritter Instanz zulässig.

Die Behörde niederer Instanz kann wegen Verspätung jene Berufung nicht zurückweisen, die mit dem auf Rechtfertigung der Berufungsfrist abzielenden Ansuchen unter einem eingebracht wurde (§ 189).

§ 173. Die Berufung kann bis zur Fällung des oberinstanzlichen Beschlusses zurückgezogen werden. Die zurückgezogene Berufung kann von neuem nicht eingebracht werden.

Wer sich mit dem Beschluß ausdrücklich zufrieden gegeben hat und dies dem Polizeistrafgericht mündlich oder schriftlich angemeldet hat, kann gegen diesen Beschluß die Berufung nicht einlegen.

§ 174. Wenn zur amtswegigen Zurückweisung der Berufung (§ 172) kein Grund vorliegt, ist dieselbe, sobald die Berufungsfrist bezüglich sämtlicher Berechtigten abgelaufen ist, samt den Akten der Behörde zweiter Instanz unverzüglich vorzulegen. Wenn die übrigen Berechtigten sich mit dem Beschluß zufrieden gegeben oder die Berufung schon früher eingebracht haben, ist die Berufung, ohne den Ablauf der Berufungsfrist abzuwarten, vorzulegen.

Im Falle des bedingten Aufschubes des Vollzuges der verhängten Strafe sind die Akten nach Ablauf der Berufungsfrist der Behörde zweiter Instanz von Amts wegen auch dann vorzulegen, wenn in der Angelegenheit niemand eine Berufung eingelegt hat.

§ 175. Falls in der Berufung eine das Verfahren betreffende solche Vorschriftswidrigkeit bezeichnet ist, über die die Akten keinen entsprechenden Aufschluß bieten, ist der Polizeistrafrichter verpflichtet, diesbezüglich sich in dem Vorlagebericht zu äußern.

Von den corpora delicti sind nur jene der Berufungsinstanz vorzulegen, die dort zur Entscheidung der Angelegenheit benötigt werden.

2. Appellation.

§ 176. Gegen das Urteil können die Appellation einlegen:

I. sowohl zu Gunsten als auch zu Lasten des Beschuldigten der Fiskal, und zwar auch in dem Falle, wenn er an dem Verfahren nicht teilgenommen hat;

II. zu Gunsten des Beschuldigten:

1. der Beschuldigte und sein gesetzlicher Vertreter, der letztere auch gegen den ausgesprochenen Willen des Beschuldigten;
2. der Bevollmächtigte oder die Ehehälfte des Beschuldigten, doch kann der Beschuldigte die Appellation dieser Personen zurückziehen;
3. der Erbe des Beschuldigten, jedoch bloß gegen den auf den privatrechtlichen Anspruch bezüglichen Teiles des Urteils;

III. zu Lasten des Beschuldigten:

1. der Privatankläger;
2. jener Verletzte, der in Vertretung der Anklage mitgewirkt oder seinen privatrechtlichen Anspruch geltend gemacht hat;
3. der Rechtsnachfolger des Verletzten, jedoch bloß bezüglich seines privatrechtlichen Anspruches;
4. der Fachvertreter, und zwar auch dann, wenn er an dem Verfahren nicht teilgenommen hat.

Wenn das Urteil auch Verfügungen enthält, die andere Interessenten betreffen, so können diese gegen den sie betreffenden Teil des Urteils gleichfalls die Appellation einlegen.

§ 177. Gegen das Urteil erster Instanz ist in der Regel die Appellation bis zur dritten Instanz zulässig.

Nicht zulässig ist die Appellation bloß wegen Milderung der bemessenen Strafe gegen ein Urteil, das gegen den Beschuldigten wegen einer Übertretung oder wegen mehrerer Übertretungen zusammen in erster Instanz fünf Kronen, in zweiter Instanz dreißig Kronen nicht übersteigende Geldstrafe festgesetzt hat.

§ 178. Wenn die Schuld des Beschuldigten sowohl das Urteil erster als auch zweiter Instanz festgestellt hat und das Urteil zweiter

Instanz wegen einer Übertretung oder wegen mehrerer Übertretungen zusammen eine dreißig Kronen nicht übersteigende Geldstrafe festgesetzt hat, ist eine weitere Appellation nur dann zulässig:

1. wenn das Urteil von einer für die Polizeistrafgerichtsbarkeit gesetzlich nicht befugten Person oder Behörde gefällt wurde;
2. wenn das Urteil von einem solchen Mitglied der Behörde gefällt wurde, das wegen eines Ausschließungsgrundes oder wegen Befangenheit nicht hätte vorgehen können (§§ 39—41);
3. wenn die Exterritorialität, die persönliche Befreiung (§ 15) oder das Immunitätsrecht verletzt worden ist;
4. wenn die Behörde ihren Wirkungskreis überschritten oder eine zu ihrem Wirkungskreis gehörende Angelegenheit für nicht dorthin gehörig erklärt hat;
5. wenn das Urteil den Gegenstand der Anklage nicht erschöpft;
6. wenn der verfügende Teil des Urteils unverständlich ist, oder seine Begründung dem verfügenden Teil widerspricht;
7. wenn die Gegenstand der Anklage bildende Handlung keine Übertretung ist und dennoch für eine solche erklärt wurde;
8. wenn der Polizeistrafrichter bei Bemessung der Strafe die im Gesetze, in der Ministerialverordnung oder im Statut bestimmten Strafsätze nicht eingehalten hat;

nur zu Lasten des Beschuldigten:

9. wenn der Polizeistrafrichter die Geldstrafe unter Anwendung des § 21 des G. A. XL: 1879 wegen einer solchen Übertretung festgesetzt hat, auf die das Gesetz oder eine Ministerialverordnung als Strafe Arrest bis zu fünfzehn Tagen oder eine noch schwerere Strafe bestimmt;
10. wenn das Urteil den bedingten Aufschub des Vollzuges der verhängten Strafe in einem solchen Fall ausgesprochen hat, wo dies nach dem Gesetz ausgeschlossen ist.

In der Appellation ist die Ursache zu bezeichnen, auf die der Appellant sein Ansuchen gründet.

§ 179. Der im § 178 bestimmten Einschränkung unterliegt das Urteil nicht, wenn die Behörde außer der Geldstrafe auch Arrest festgesetzt hat, oder die Konfiskation von corpora delicti, die Entfernung einer Firmatafel oder eines andern Gegenstandes oder die Untersagung der Ausübung irgend einer Beschäftigung oder irgend eines Rechtes ausgesprochen hat; wenn sie die Ausweisung oder Verweisung des Beschuldigten von dem Landesgebiete oder von einem Orte ausgesprochen hat; wenn sie die Veröffentlichung eines Urteils verfügt hat; wenn sie an Kosten des Verfahrens oder als privatrechtlichen Anspruch mehr als dreißig Kronen festgesetzt hat; wenn die Feststellung der Übertretung von einer vorher zu entscheidenden streitigen Rechtsfrage abhängt, oder wenn das Urteil dem Beschuldigten eine besondere Verpflichtung auferlegt.

Die Appellation ist überhaupt nicht beschränkt gegen ein solches Urteil, gegen das die Appellation bis zur dritten Instanz bezüglich des Gesamtgebietes der Länder der heiligen ungarischen Krone ein Gesetz sichert.

§ 180. Die Appellation hat in der Regel aufschiebende Wirkung. Ohne Rücksicht auf die Appellation kann das Urteil vollzogen werden, wenn dies ein Gesetz verfügt (z. B. § 38 des G. A. II: 1898[1]).

3. Rekurs.

§ 181. Gegen Bescheide ist in der Regel der Rekurs bis zur zweiten Instanz zulässig.

Der Rekurs bis zur dritten Instanz ist gegen Bescheide erster Instanz in den in dieser Verordnung besonders bestimmten Fällen zulässig, desgleichen gegen Bescheide erster Instanz, die als Endbeschlüsse anzusehen sind.

Gegen die im Laufe des Verfahrens erbrachten Zwischenbescheide sowie gegen Bescheide, gegen die diese Verordnung den Rekurs ausdrücklich ausschließt, ist ein Rekurs nicht zulässig.

Wegen der im Laufe des Verfahrens zugefügten und mittels Rekurses nicht heilbaren Rechtsverletzungen kann in der gegen das Urteil oder den Einstellungsbescheid eingelegten Berufung um Abhilfe angesucht werden.

§ 182. Den Rekurs kann außer den zur Appellation Berechtigten (§ 176) derjenige einlegen, auf den der Bescheid sich bezieht.

§ 183. Ausgenommen den gegen einen eine Geldstrafe oder eine vermögensrechtliche Verurteilung festsetzenden Bescheid eingelegten Rekurs ferner die in dieser Verordnung besonders bestimmten Fälle, besitzt der Rekurs keine aufschiebende Wirkung. Jene Behörde jedoch, die den angefochtenen Bescheid erbracht hat, kann dessen Vollzug bis zur Erledigung des Rekurses begründetenfalls aussetzen.

§ 184. Behufs Erledigung des gegen die im Laufe des Verfahrens erbrachten Bescheide zulässigen Rekurses sind die Akten der Berufungsinstanz nach Fällung des Urteils oder des Einstellungsbescheides, und wenn die Berufung auch gegen diese Beschlüsse eingelegt wurde, samt dieser Berufung vorzulegen.

II. Außerordentliche Rechtsmittel.

1. Rechtfertigung wegen Versäumung von Terminen und Fristen.

§ 185. Eine Rechtfertigung ist im Falle der Versäumung eines Verhandlungstermines oder einer Frist statthaft, wenn die Versäumnis auf die Erledigung der Angelegenheit von wesentlichem Einfluß war und der Versäumende in glaubhafter Weise dartut, daß die Versäumnis ohne sein oder seines Bevollmächtigten Verschulden zufolge Unkenntnis oder eines andern unabwendbaren Hindernisses verursacht wurde.

Die Rechtfertigung können wegen Versäumung des Verhandlungstermines nur die versäumenden Parteien und wegen Versäumung der Berufungsfrist nur die zur Berufung berechtigten Personen einlegen.

---

[1]) Siehe Fußnote beim § 82.

§ 186. In die Frist ist der Tag nicht einzurechnen, an welchem die den Beginn der Frist feststellende Verfügung, Handlung oder das Ereignis erfolgte.

Der Sonntag und ein Feiertag nach gregorianischem Kalender oder ein Nationalfeiertag kann nicht eingerechnet werden, wenn derselbe auf den letzten Tag der Frist fällt.

Im Falle der Einreichung durch die Post entscheidet der Tag der Aufgabe.

§ 187. Das auf die Rechtfertigung bezughabende Ansuchen ist binnen drei Tagen, nachdem das Hindernis behoben worden ist, mündlich oder schriftlich bei dem amtshandelnden Polizeistrafgericht erster Instanz anzumelden.

In dem Ansuchen sind die Ursachen der Versäumnis und die die Versäumnis rechtfertigenden Daten anzugeben und die zur Verfügung stehenden Beweismittel vorzulegen.

§ 188. Über das zur Rechtfertigung der Versäumung des Verhandlungstermines eingebrachte Ansuchen beschließt das Polizeistrafgericht, wenn notwendig, nach Anhörung der Interessenten ohne Verhandlung; wenn der Rechtfertigung stattgegeben wird, wird die Angelegenheit, sofern dies möglich ist, sogleich verhandelt, sonst wird zur Verhandlung der Angelegenheit ein neuer Termin bestimmt.

Gegen einen der Rechtfertigung stattgebenden Bescheid ist ein Rekurs nicht zulässig.

An der neuen Verhandlung erbringt das Polizeistrafgericht nach dem Ergebnis der Verhandlung bei Außerkraftsetzung seines auf Grund der Versäumnis erbrachten früheren Beschlusses einen neuen Beschluß oder hält seinen früheren Beschluß aufrecht.

§ 189. Wenn das Ansuchen auf Rechtfertigung der Versäumung einer für ein Rechtsmittel oder eine Anmeldung festgesetzten Frist abzielt, ist das versäumte Rechtsmittel oder die versäumte Anmeldung mit dem Rechtfertigungsansuchen unter einem einzubringen. In einem solchen Fall entscheidet auch über das Rechtfertigungsansuchen jene Behörde, die zur meritorischen Erledigung des Rechtsmittels oder der Anmeldung berechtigt ist.

Bezüglich jener Umstände, die in dem auf Rechtfertigung der Versäumung der Berufungsfrist abzielenden Ansuchen vorgebracht wurden, hat das Polizeistrafgericht erster Instanz in seinem Vorlagebericht sich zu äußern.

§ 190. Das Rechtfertigungsansuchen hat keine aufschiebende Wirkung; die amtshandelnde Behörde kann jedoch begründetenfalls den Vollzug des Beschlusses bis zur rechtskräftigen Erledigung des Ansuchens aussetzen.

2. Wiederaufnahme.

§ 191. Um die Wiederaufnahme einer mit Strafurteil rechtskräftig beendeten Angelegenheit können zugunsten des Verurteilten der Verurteilte oder sein gesetzlicher Vertreter oder seine Ehehälfte sowie der Fiskal ansuchen:

1. wenn mittels rechtskräftigen Urteils eines Strafgerichtes festgestellt ist, daß gegen den Verurteilten als Beweis eine falsche oder gefälschte Urkunde als echt benutzt oder eine falsche Zeugenschaft abgelegt oder ein falsches Sachverständigengutachten abgegeben worden ist, vorausgesetzt, daß diese Beweise von Einfluß auf das Urteil sein konnten;

2. wenn mittels rechtskräftigen Urteils eines Strafgerichtes festgestellt ist, daß ein in der Angelegenheit vorgegangenes behördliches Mitglied bestochen wurde oder eine gegen das Strafgesetzbuch verstoßende andere Pflichtverletzung begangen hat und es nicht ausgeschlossen ist, daß diese strafbaren Handlungen von Einfluß auf das Urteil waren;

3. wenn der Gesuchssteller eine solche wesentliche neue Tatsache oder einen solchen neuen Beweis vorbringt, von der (dem) angenommen werden kann, daß er sie (ihn) im Grundprozeß nicht gebrauchen konnte, und die (der) an sich oder in Verbindung mit den im Laufe des Grundprozesses Vorgebrachten die Einstellung des Verfahrens oder die Freisprechung des Beschuldigten oder nur seine Schuld an einer solchen Handlung wahrscheinlich macht, welche unter eine Bestimmung des Gesetzes, der Ministerialverordnung oder der Statutes fällt, die einen milderen Strafsatz enthält, als die verhängte Strafe;

4. wenn es offenkundig ist, daß der Beschuldigte wegen einer und derselben Handlung wiederholt verurteilt wurde.

Nach Vollzug des Urteils kann um die Wiederaufnahme des Verfahrens gegen den Willen des Verurteilten nicht angesucht werden.

Nach Ableben des Verurteilten können um die Wiederaufnahme nur die Ehehälfte des Verurteilten und seine Anverwandten in gerader Linie ansuchen.

§ 192. Um die Wiederaufnahme einer mit freisprechendem Urteil oder Einstellungsbescheid rechtskräftig beendeten Angelegenheit können zum Zwecke der Verurteilung des Beschuldigten innerhalb der Verjährungsfrist der Fiskal, der Fachvertreter, der in Vertretung der Anklage vorgegangene Verletzte und der Privatankläger ansuchen: wenn irgend einer der in den Punkten 1 und 2 des § 191 aufgezählten Gründe vorliegt, ferner dann, wenn sie eine solche wesentliche neue Tatsache oder einen solchen neuen Beweis vorbringen, von der (dem) angenommen werden kann, daß sie dieselbe (denselben) im Grundprozeß nicht gebrauchen konnten, und die (der) an sich oder in Verbindung mit den im Laufe des Grundprozesses aufgenommenen Beweisen die Verurteilung des Beschuldigten wahrscheinlich macht.

Wenn der zum Privatantrag Berechtigte seinen Antrag im Laufe des Grundprozesses zurückgezogen oder wenn der Privatankläger seine Anklage fallen gelassen hat, ist die Wiederaufnahme des Verfahrens nicht statthaft.

§ 193. Das Ansuchen um Wiederaufnahme ist bei jenem Polizeistrafgericht einzubringen, das in der Angelegenheit in erster Instanz vorgegangen ist.

Wenn um die Wiederaufnahme nicht der dazu Berechtigte oder der dazu Berechtigte, jedoch nicht auf einen der in den §§ 191 und 192 bestimmten Gründe gestützt ansucht, oder wenn der vorgebrachte Grund offenkundig unhaltbar ist: wird das Ansuchen vom Polizeistrafgericht ohne Verhandlung zurückgewiesen.

Im entgegengesetzten Fall ordnet das Polizeistrafgericht die Verhandlung des Gesuches um Wiederaufnahme und nach Umständen in Verbindung damit auch die Verhandlung der Angelegenheit mittels Bescheides an. Gegen diesen Bescheid ist ein Rekurs nicht zulässig.

An der wiederaufgenommenen Verhandlung sind außer den neuen Beweisen nach Bedarf auch die im Grundprozeß verwendeten Beweise aufzunehmen.

Auf Grund des Ergebnisses der Verhandlung wird vom Polizeistrafgericht der Wiederaufnahme entweder stattgegeben und bei Außerkraftsetzung des im Laufe des Grundprozesses erbrachten Beschlusses ein neuer Beschluß erbracht, oder wird das Ansuchen um Wiederaufnahme abgewiesen und der im Laufe des Grundprozesses erbrachte Beschluß in seiner Wirksamkeit aufrecht erhalten.

Im Falle der zugunsten des Verurteilten angeordneten Wiederaufnahme kann vom Polizeistrafgericht eine schwerere Strafe als die in dem im Laufe des Grundprozesses gefällten Urteil festgesetzte nicht bemessen werden.

Gegen die im wiederaufgenommenen Verfahren erbrachten Beschlüsse sind die Appellation und andere Rechtsmittel nach den allgemeinen Vorschriften (siebentes Hauptstück) zulässig.

§ 194. Der Vollzug wird durch das Ansuchen um Wiederaufnahme nicht gehemmt; innerhalb eines Jahres, von der Rechtskraft des Urteils gerechnet, kann aber im Falle der zugunsten des Verurteilten angesuchten Wiederaufnahme der Vollzug des Urteils von dem vorgehenden Polizeistrafgericht in begründetem Fall zur Gänze oder zum Teil bis zur rechtskräftigen Beendigung des wiederaufgenommenen Verfahrens in Schwebe gelassen oder unterbrochen werden.

§ 195. Wenn die Behörde niederer Instanz im wiederaufgenommenen Verfahren einen solchen Beschluß außer Kraft setzt, der unter Überprüfung der Berufungsinstanz gestanden war, so ist in dem im wiederaufgenommenen Verfahren erbrachten Beschluß die Genehmigung der Berufungsinstanz ausdrücklich vorzubehalten und wenn dieser Beschluß zufolge Berufung an die im Grundprozeß in letzter Instanz vorgegangene Berufungsinstanz nicht gelangt, so ist der Beschluß nach Ablauf der Berufungsfrist samt den Akten dieser Instanz zur Überprüfung von Amts wegen unverzüglich vorzulegen.

3. Ausnahmsweise Überprüfung von rechtskräftigen Beschlüssen.

§ 196. Der Fiskal kann gegen ein jedes in einer Übertretungsangelegenheit erbrachtes Urteil, Strafmandat oder einen solchen Einstellungsbescheid, bezüglich dessen die Behörde dritter Instanz einen

Beschluß nicht erbracht hat, bei der Behörde dritter Instanz ein außerordentliches Rechtsmittel einlegen, falls der Beschluß gegen das Gesetz verstößt.

Dieses Rechtsmittel ist an keine Frist gebunden und besitzt keine aufschiebende Wirkung.

Findet die Behörde dritter Instanz, daß der Beschluß zur Gänze oder zum Teil das Gesetz verletzt habe, so spricht sie dies mittels Bescheides aus, im entgegengesetzten Fall weist sie das Rechtsmittel ab.

Die Behörde dritter Instanz kann überdies den angefochtenen Beschluß in seinem das Gesetz verletzenden Teil annullieren und den Verurteilten freisprechen oder ein neues Verfahren anordnen; mangels des Wirkungskreises annulliert sie den Beschluß und verweist die Angelegenheit an die zuständige Behörde.

Achtes Hauptstück.

Verfahren vor den Berufungsinstanzen.

§ 197. Die Berufung wird von der Berufungsinstanz ohne Überprüfung zurückgewiesen, wenn einer der im § 172 bezeichneten Fälle der amtswegigen Zurückweisung vorliegt und dies vom Polizeistrafgericht erster Instanz nicht berücksichtigt wurde.

Findet jedoch die Berufungsinstanz, daß einer der in den Punkten 3 und 4 des § 178 bezeichneten Gründe vorliegt, so nimmt sie die Überprüfung der Angelegenheit auch in solchen Fällen von Amts wegen vor.

§ 198. Erscheint die Ergänzung der Akten, die Mitteilung des Beschlusses an eine Partei, ein den Inhalt der Berufung betreffender Aufschluß oder bezüglich einzelner Umstände die Beschaffung oder Ergänzung von Daten erforderlich, so werden die Akten von der Berufungsinstanz vor meritorischer Überprüfung der Angelegenheit behufs der notwendigen Ergänzung zurückgesendet.

§ 199. Erachtet die Berufungsinstanz, daß der Beschluß meritorisch nicht überprüft werden kann, und zwar a) aus dem Grund, weil der Sachverhalt nicht hinreichend erhoben oder bewiesen ist — vorausgesetzt, daß von dem weiteren Verfahren ein Erfolg erwartet werden kann —; b) oder aus dem Grund, weil eine wesentliche Verfahrensvorschrift überhaupt nicht oder unrichtig angewendet wurde: so hat die Berufungsinstanz den Beschluß zur Gänze oder zum Teil, eventuell samt dem demselben vorangehenden Verfahren im Falle des Punktes a) aufzuheben bzw. im Falle des Punktes b) zu annullieren und weist die Behörde niederer Instanz in beiden Fällen je nach den Umständen nebst Anordnung der Ergänzung des Verfahrens oder eines neuen Verfahrens oder ohne eine solche Anordnung zur Fällung eines neuen Beschlusses an oder verfügt in entsprechendem Fall die Abtretung der Angelegenheit an eine andere Behörde. Gegen den in dieser Frage erbrachten Beschluß, ausgenommen den die Abtretung verfügenden Bescheid der Behörde zweiter Instanz, ist ein Rekurs nicht zulässig.

§ 200. Wenn die Angelegenheit meritorisch überprüft werden kann, kann die Berufungsinstanz den Beschluß der Behörde niederer Instanz zur Gänze oder zum Teil bestätigen oder abändern eventuell ergänzen.

Die Berufungsinstanz kann innerhalb der Schranken des G. A. XXXVI: 1908 auch den bedingten Aufschub des Strafvollzuges aussprechen.

Im Falle der Bestätigung des in niederer Instanz erbrachten Beschlusses kann sich auch auf die Begründung desselben berufen werden, jede Abänderung des verfügenden Teiles muß aber besonders begründet werden.

§ 201. Wenn die Berufungsinstanz das Urteil der Behörde niederer Instanz zum Teil meritorisch überprüft und zum Teil aufhebt oder annulliert, beschließt sie auch in der Frage der Aufhebung oder Annullierung mittels Urteils; in sonstigen Fällen spricht sie die Aufhebung oder Annullierung mittels Bescheides aus. Gegen den die Aufhebung oder die Annullierung aussprechenden Teil des Urteils der zweiten Instanz, ausgenommen die Anordnung der Abtretung, ist eine Berufung nicht zulässig.

Im Falle das Urteil zum Teil aufgehoben oder annulliert und zum Teil meritorisch überprüft wird, wird die in der meritorisch überprüften Frage zulässige weitere Berufung vom Polizeistrafgericht erst nach Fällung des zufolge der Aufhebung oder Annullierung erbrachten neuen Beschlusses vorgelegt.

§ 202. Die Berufungsinstanz kann die von der Behörde niederer Instanz abgesondert erledigten und bei ihr unter Überprüfung stehenden solchen Angelegenheiten, die offenbar einen Beschuldigten betreffen, auf Ansuchen des Beschuldigten vereinigen und zusammen entscheiden oder aber eine jede Angelegenheit auch abgesondert überprüfen, eventuell bei Aufhebung der Beschlüsse der Behörden niederer Instanz deren Vereinigung und gemeinsame Entscheidung (§ 7) verfügen.

§ 203. Die Berufungsinstanz kann ihren Beschluß nur auf die im Laufe des Verfahrens aufgenommenen Beweise gründen.

Die zu einem neuerlichen Verfahren oder einer neuen Beschlußfassung angewiesene Behörde niederer Instanz ist verpflichtet, sich dem von der Berufungsinstanz eingenommenen Rechtsstandpunkt zu fügen.

§ 204. Die Berufungsinstanz überprüft den Beschluß in der Regel nur in seinem mit Berufung angefochtenen Teil und nur innerhalb der Grenzen des in der Berufung vorgebrachten Ansuchens.

Die Berufungsinstanz hat gelegentlich der Überprüfung auch von Amts wegen zu berücksichtigen und demnach den Beschluß zu annullieren oder abzuändern, wenn sie wahrnimmt, daß

1. einer der in den Punkten 1, 3—8 und 10 des § 178 aufgezählten Gründe vorliegt;

2. bezüglich der Gegenstand des Verfahrens bildenden Handlung vorher bereits ein rechtskräftiges Urteil, Strafmandat oder ein rechtskräftiger Einstellungsbescheid erbracht wurde;

3. ein die Einleitung des polizeilichen Strafverfahrens, die Zurechnungsfähigkeit oder die Strafbarkeit ausschließender Grund vorliegt;

4. eine wesentliche Verfahrensvorschrift überhaupt nicht oder unrichtig angewendet wurde.

§ 205. Auf Grund einer Berufung, die zugunsten des Beschuldigten eingelegt wurde, kann die Berufungsinstanz die bemessene Strafe nicht erhöhen. Der Beschluß kann jedoch auf Grund der zu Lasten des Beschuldigten eingelegten Berufung auch zugunsten des Beschuldigten abgeändert werden.

Auf Grund eines zugunsten des Beschuldigten dienenden Umstandes, wenn dieser Umstand auch bezüglich eines andern, nicht appellierenden Beschuldigten besteht, ist das Urteil auch zugunsten des letzteren abzuändern.

§ 206. Der Vizegespan und der Oberstadthauptmann der kgl. ungarischen Staatspolizei, bzw. im Falle ihrer Verhinderung ihre gesetzlichen Vertreter, gehen als Einzelrichter vor.

Der Magistrat der Haupt- und Residenzstadt Budapest und der mit Munizipalrecht bekleideten Städte werden als Polizeistrafgerichte zweiter Instanz im Sinne ihrer organischen Bestimmungen und bei Berücksichtigung der in dieser Verordnung enthaltenen Bestimmungen zusammengesetzt.

Derjenige, der von der Erledigung der Angelegenheit ausgeschlossen ist (§§ 39 und 40), kann in der Ratssitzung auch als nicht stimmberechtigter Referent nicht teilnehmen.

§ 207. Der Stadtmagistrat als Polizeistrafgericht zweiter Instanz erledigt die Berufungsangelegenheit in der Ratssitzung. Die im § 198 bezeichneten Zwischenverfügungen können jedoch außerhalb der Ratssitzung auch von dem Ratsvorsitzenden angeordnet werden.

Das Referat der Angelegenheit und die Verkündung des Beschlusses ist öffentlich, die behufs Beschlußfassung abgehaltene Beratung und die Abstimmung hingegen erfolgt in geschlossener Ratssitzung. Die §§ 115—118 sind entsprechend anzuwenden.

§ 208. Bezüglich der Entscheidung der Übertretungsangelegenheiten in dritter Instanz regelt der betreffende Minister das Verfahren in eigenem Wirkungskreis und kann für die Zwecke der Überprüfung in dem unter seiner Leitung stehenden Ministerium auch einen „Strafsenat“ aufstellen.

§ 209. Wenn die Behörde niederer Instanz bezüglich solcher Übertretungen, die in dritter Instanz nicht in den Wirkungskreis eines Ministers gehören, gemeinsam entschieden hat, wird die Angelegenheit von den betreffenden Ministern hinsichtlich der in ihren eigenen Wirkungskreis angehörenden Teile abgesondert überprüft, ihre Entscheidungen können jedoch in einen Beschluß aufgenommen werden. Die besonderen Entscheidungen können, sofern eine der Übertretungen in den Wirkungskreis des Ministers des Innern gehört, von diesem Minister, sonst aber von dem zur Entscheidung der schwerer zu bestrafenden Übertretung berufenen Minister bzw. im Falle von gleich schwer zu bestrafenden Übertretungen von dem zuletzt beschließenden Minister in den eigenen Beschluß aufgenommen werden.

Ist eine Gesamtstrafe zu bemessen, so beschließen die zur Entscheidung der Angelegenheit in dritter Instanz berufenen Minister im Einverständnis.

Neuntes Hauptstück.

Kosten des Verfahrens.

§ 210. Zu den Kosten des Verfahrens zählen:

1. die Reisespesen und das Taggeld des amtshandelnden Beamten oder Organs, sofern er (es) im Sinne der bestehenden Vorschriften darauf Anspruch hat;

2. die dem Privatankläger und dem Verletzten an Barauslagen verursachten notwendigen Kosten;

3. die Zeugengebühren;

4. die Gebühren des Sachverständigen (des Schätzmeisters, des Dolmetsches);

5. die Kosten des auf Grund einzelner Gesetze oder anderer Rechtsnormen durchzuführenden Vorverfahrens oder besonderen Verfahrens;

6. die Kosten des Vollzuges.

Die in den Punkten 2, 3 und 4 erwähnten Kosten des Verfahrens können für Privatpersonen nur dann festgesetzt werden, wenn sie darum gelegentlich ihrer Vernehmung bis zum Abschluß der Verhandlung angesucht haben.

§ 211. Der nicht im Orte wohnende vorgeladene Zeuge kann die Festsetzung der mit seinem Erscheinen verbundenen notwendigen Reisespesen und wenn er vom Ort der Vernehmung in einer Entfernung von mehr als acht Kilometer oder außerhalb der Grenzen des Amtssitzes des Polizeistrafgerichtes wohnt, zur Deckung der Kosten der notwendigen Verpflegung und Wohnung die Festsetzung einer seiner Stellung entsprechenden angemessenen Verpflegsgebühr fordern. Reisespesen dürfen auch für den im Ort wohnenden Zeugen festgesetzt werden, wenn dies wegen außerordentlicher Umstände (wegen körperlichen Gebrechens, Krankheit, vorgerückten Alters usw.) unbedingt notwendig erscheint.

Jene vorgeladenen Zeugen, die vom Tag- oder Wochenlohn leben und zufolge der Zeugenschaft ihres Erwerbs von jenem Tag zur Gänze oder zum Teil verlustig werden, desgleichen in der Arbeitszeit die Landwirte, die ihr Grundstück selbst bearbeiten, ferner die ohne Gehilfen arbeitenden Kleingewerbetreibenden können auch auf eine angemessene Vergütung Anspruch erheben, die der zur Reise und zur Vernehmung notwendigen Zeit und ihrem ordentlichen durchschnittlichen Verdienst entspricht.

Für einen Zeugen, der vorgeführt wurde, kann eine Zeugengebühr nicht festgesetzt werden.

Die Zeugengebühren für die in aktiver Dienstleistung stehenden Personen der bewaffneten Macht und der Gendarmerie, für das Personal der Polizei- und Finanzwache sowie für das Forsthüterpersonal werden im Sinne der für diese geltenden besonderen Vorschriften festgesetzt.

§ 212. Hinsichtlich der Entlohnung der Sachverständigen (der Schätzmeister, Dolmetsche) sowie der zur Abgabe der Wohlmeinung ersuchten Sachverständigen-Körperschaften sind die auf sie bezughabenden besonderen Vorschriften maßgebend. In Ermangelung solcher Vorschriften ist bei Berücksichtigung der Beschäftigung des Sachverständigen, der verrichteten Arbeit, des Zeitverlustes und der Umstände des Falles eine angemessene Entlohnung und an Reisespesen ein den in gleicher Stellung und Beschäftigung befindlichen Zeugen gebührender Betrag festzusetzen.

Dem kontrollierenden Sachverständigen gebührt keine Entlohnung.

§ 213. Die Kosten des Verfahrens sind im Strafurteil zu Lasten des Verurteilten festzusetzen.

Im Falle des Ablebens des Verurteilten, wenn dies nach Rechtskraft des Urteils eingetreten ist, sind die Kosten des Verfahrens, sofern sie aus dem Vermögen des Verurteilten hätten eingebracht werden können, bis zur Höhe ihres Erbteiles von den Erben einzubringen.

Mehrere Verurteilte sind zur Tragung der Kosten des Verfahrens in solidum zu verpflichten. Solche Kosten jedoch, zu welchen nur einer der Verurteilten Anlaß gegeben hat, dürfen zu Lasten der übrigen Verurteilten nicht festgesetzt werden.

§ 214. Die Kosten des Verfahrens trägt im Falle der Freisprechung des Beschuldigten oder der Einstellung des Verfahrens, desgleichen auch dann, wenn sie von den hiezu Verpflichteten nicht eingebracht werden können, ausgenommen die Kosten des Privatanklägers und des Verletzten, mit den unten erwähnten Einschränkungen, die Kasse der Behörde.

Der Beschuldigte kann in die durch seine verschuldete Versäumnis verursachten Kosten auch im Falle seiner Freisprechung und der Einstellung des Verfahrens verurteilt werden.

Soferne bezüglich der Kosten des im Punkt 5 des § 210 bestimmten Vorverfahrens bzw. besonderen Verfahrens die betreffenden besonderen Rechtsnormen verfügen, sind in betreff dieser Kosten die besonderen Vorschriften anzuwenden.

Wenn im Falle einer auf Privatantrag zu verfolgenden Übertretung der Beschuldigte freigesprochen oder das Verfahren eingestellt wird, ist in die Kosten des Verfahrens der Privatankläger zu verurteilen. Sind mehrere Privatankläger aufgetreten, so sind diese in die Kosten des Verfahrens im Sinne des dritten Absatzes des § 213 zu verurteilen.

§ 215. In jene Kosten, die mit dem auf Grund wissentlich falscher oder auffällig unachtsamer Anzeige eingeleiteten Verfahren aufgelaufen sind, darunter auch die in Barauslagen verursachten notwendigen Kosten des Beschuldigten, ist der Anzeiger nach seiner Anhörung zu verurteilen.

§ 216. Die Kosten jenes Verfahrens, das durch eine zurückgezogene oder offenbar unbegründete Berufung oder ein solches Ansuchen um Wiederaufnahme veranlaßt wurde, trägt derjenige, der die Berufung eingelegt bzw. um die Wiederaufnahme angesucht hat.

Die Kosten des auf Rechtfertigung bezüglichen Verfahrens belasten stets denjenigen, der um die Rechtfertigung angesucht hat.

Zehntes Hauptstück.

Vollzug.

§ 217. Das Urteil darf im allgemeinen erst nach eingetretener Rechtskraft vollzogen werden.

Ausnahmsweise ist der Vollzug des Urteils in einzelnen Übertretungsangelegenheiten auch vor eingetretener Rechtskraft statthaft, soferne dies das Gesetz zuläßt.

Die Bescheide können im allgemeinen auch vor eingetretener Rechtskraft vollstreckt werden. Erst nach eingetretener Rechtskraft können jene Bescheide vollstreckt werden, gegen die ein Rekurs mit aufschiebender Wirkung zulässig ist (§ 183).

Der Beschluß, gegen den weder eine Berufung, noch eine amtswegige Überprüfung zulässig ist, erwächst in Rechtskraft mit der Mitteilung, ein anderer Beschluß, wenn gegen ihn seitens des Berechtigten die Berufung innerhalb der Berufungsfrist nicht eingelegt wird, mit Ablauf der Berufungsfrist, im entgegengesetzten Fall mit der Zurückziehung der gegen ihn eingelegten Berufung oder mit der Mitteilung ihrer Zurückweisung, schließlich jener Beschluß, der behufs Überprüfung von Amts wegen vorzulegen ist (zweiter Absatz des § 174, § 195), mit der Mitteilung des genehmigenden Beschlusses der zur Überprüfung berechtigten Behörde.

Die Rechtskraft und die Vollziehbarkeit wird auf der Ausfertigung des Beschlusses vom Polizeistrafgericht erster Instanz mittels einer Klausel bezeugt.

§ 218. Bezüglich des Vollzuges verfügt das Polizeistrafgericht erster Instanz, mit der hinsichtlich des privatrechtlichen Anspruches im § 236 bestimmten Beschränkung, von Amts wegen.

Von dem Vollzug des die Strafe betreffenden Teiles eines rechtskräftigen Urteils muß Abstand genommen werden, wenn dies ein

Gesetz anordnet. Die Abstandnahme ist mittels Beschlusses auszusprechen.

Der Vollzug der bedingt aufgeschobenen Strafe kann nur in den im ersten Hauptstück des G. A. XXXVI: 1908 bestimmten Fällen angeordnet werden.

Bezüglich Anordnung und Durchführung der im Laufe des Vollzuges notwendig gewordenen Vorführung, Beschlagnahme, Hausdurchsuchung, Leibesdurchsuchung und des behördlichen Augenscheines sind, sofern aus den Bestimmnngen dieses Hauptstückes nichts anderes folgt, die Bestimmungen des vierten Hauptstückes maßgebend.

§ 219. Die bei der Behörde niederer Instanz eingebrachten Gnadengesuche sind dem zur Entscheidung der Angelegenheit in dritter Instanz berufenen Minister vorzulegen.

Die Einbringung des Gnadengesuches hemmt den Vollzug des Urteils nicht; der Minister kann jedoch anordnen, daß der Vollzug der Strafe vom Polizeistrafgericht bis zur Erledigung des Ansuchens in Schwebe gelassen oder unterbrochen werde.

1. Vollzug der Arreststrafe.

§ 220. Die festgesetzte und bedingungsweise nicht aufgeschobene Arreststrafe ist nach eingetretener Rechtskraft des Urteils in der Regel sogleich zu vollziehen.

Jener Verurteilte, der gegen das Urteil eine Appellation nicht eingelegt oder nur wegen des Ausmaßes der verhängten Arreststrafe appelliert hat, kann die gegen ihn festgesetzte Arreststrafe auch vor eingetretener Rechtskraft des Urteils antreten. Ein solcher Verurteilter ist aber nach Ablauf der Strafdauer sogleich auf freien Fuß zu setzen. Die verbüßte Strafe ist in die mit rechtskräftigem Urteil festgesetzte Strafe einzurechnen.

§ 221. Der Vollzug der Arreststrafe ist aufzuschieben und die bereits angetretene Strafe ist zu unterbrechen:

1. wenn der Verurteilte an einer schweren oder ansteckenden Krankheit leidet, bis zu seiner Genesung;

2. wenn die Ehehälfte des Verurteilten, einer seiner Eltern oder sein Kind an einer schweren oder ansteckenden Krankheit leidet, bis zur Genesung des Kranken;

3. wenn eines der im Punkt 2 erwähnten Familienmitglieder gestorben ist, auf fünfzehn Tage nach dem Begräbnis;

4. wenn die Schwangerschaft der verurteilten Frauensperson so weit vorgeschritten ist, daß der Eintritt der Geburt während der Strafdauer zu erwarten ist, auf drei Monate von der Geburt gerechnet;

5. wenn den Aufschub oder die Unterbrechung der Strafe ein Gesetz gestattet, unter den im Gesetz bestimmten Bedingungen und bis zu dem dort bezeichneten Zeitpunkt;

6. wenn es im Interesse des militärischen oder eines andern öffentlichen Dienstes unumgänglich notwendig ist, auf die vom Dienstesinteresse gebotene Dauer;

7. wenn der Verurteilte nach seiner rechtskräftigen Verurteilung oder während des Strafvollzuges das Immunitätsrecht erworben hat, bis zur Aufhebung oder zum Erlöschen dieses Rechtes.

Der Vollzug der Arreststrafe kann auch außer den in den vorhergehenden Punkten bestimmten Fällen aufgeschoben oder unterbrochen werden, jedoch nur einmal und höchstens auf drei Monate, wenn der Verurteilte nachweist, daß der Vollzug der Strafe ihm oder seiner Familie eine außerhalb des Zweckes der Strafe fallende schwere Schädigung verursachen würde, insbesondere wenn der Aufschub oder die Unterbrechung durch ein wichtiges familiäres, landwirtschaftliches, gewerbliches oder ein anderes rechtmäßiges Interesse begründet erscheint und die Entweichung des Verurteilten nicht zu besorgen ist.

Wenn der Verurteilte wehrpflichtig ist und vor dem Antritt seines militärischen Präsenzdienstes, seiner militärischen Ausbildung oder seiner Waffen(Dienst)übung steht, so ist bei Anwendung des vorhergehenden Absatzes ein besonderes Augenmerk darauf zu richten, daß die Strafe bis zum Antritt der aktiven Dienstleistung vollzogen werde.

§ 222. Das Ansuchen wegen des Aufschubes oder der Unterbrechung ist bei dem Polizeistrafgericht erster Instanz vorzubringen. Das Polizeistrafgericht beschließt im Gegenstand des Ansuchens nach Anhörung des Gesuchstellers oder ohne Anhörung desselben.

Der zur Entscheidung der Übertretung in dritter Instanz berufene Minister kann, soferne besonders berücksichtigungswürdige Umstände vorliegen, innerhalb der Verjährungsfrist auch einen drei Monate übersteigenden Aufschub gestatten und ausnahmsweise auch die Unterbrechung der Strafe bewilligen.

§ 223. Das Polizeistrafgericht erster Instanz ladet den nicht anwesenden Verurteilten behufs Antrittes der Arreststrafe vor. Ist der Verurteilte auf die Vorladung nicht erschienen oder ist seine Entweichung zu besorgen, so verfügt das Polizeistrafgericht die Vorführung des Verurteilten.

Ist der Verurteilte nicht im Sprengel des in der Angelegenheit in erster Instanz vorgegangenen Polizeistrafgerichtes wohnhaft, so kann ihm auf sein Ansuchen von dem vorgegangenen Gericht gestattet werden, daß er die Strafe in dem seinem Wohnorte zunächst liegenden Gefängnis abbüße; in solchen Fällen ist das nach dem Wohnort des Verurteilten zuständige Polizeistrafgericht bei Übersendung der mit der Klausel über die Rechtskraft und Vollziehbarkeit versehenen beglaubigten Ausfertigung des Urteils wegen Vollzuges der Strafe zu ersuchen.

Wenn der rechtskräftig Verurteilte in unbekanntem Orte sich aufhält, flüchtig geworden ist oder sich verborgen hat, ist zum Zwecke des Vollzuges der Arreststrafe wegen Ausforschung des Aufenthaltsortes des Verurteilten die Verfügung zu treffen. Zu diesem Behufe kann das Polizeistrafgericht mit Bezeichnung der persönlichen

Daten des Verurteilten, der der Verurteilung zugrunde gelegenen Übertretung und der festgesetzten Arreststrafe auch eine an die Behörden gerichtete Aufforderung kundmachen, daß im Falle der Auffindung des Verurteilten das die Aufforderung erlassende Polizeistrafgericht von seinem Aufenthaltsort verständigt und der Verurteilte, falls seine Flucht zu besorgen steht und hinsichtlich seiner Personsidentität kein Zweifel obwaltet, festgenommen werde.

§ 224. Wenn die Arreststrafe an einer in aktivem Dienste stehenden Person der Polizei- oder Finanzwache oder an einer bei einer Privatunternehmung angestellten Person vollzogen werden muß, deren Vertretung vom Gesichtspunkte des öffentlichen Interesses notwendig ist, ist von der Anordnung des Vollzuges ihr Vorgesetzter vorher zu verständigen.

Steht der Verurteilte im aktiven Dienste der bewaffneten Macht, so hat das Polizeistrafgericht erster Instanz wegen Vollzuges der Arreststrafe das zuständige Heeres-Ergänzungsbezirkskommando beziehungsweise Landwehr-Ergänzungskommando zu ersuchen. Steht der Verurteilte im aktiven Dienste der Gendarmerie, so ist wegen des Vollzuges der Strafe das zuständige Gendarmeriedistriktskommando zu ersuchen.

Wegen des Vollzuges der gegen die in Kroatien-Slavonien wohnhaften oder sich aufhaltenden Verurteilten festgesetzten Arreststrafe ist die kroatisch-slavonische Verwaltungs- (Polizei-) Behörde unmittelbar zu ersuchen.

Dem Ersuchen ist die mit der Klausel über die Rechtskraft und Vollziehbarkeit versehene beglaubigte Ausfertigung des Urteils beizuschließen und wenn das Ersuchen an eine kroatisch-slavonische Verwaltungs- (Polizei-) Behörde gerichtet ist, muß in der Klausel außerdem bezeugt werden, daß die festgesetzte Strafe nach dem bei dem ersuchenden Polizeistrafgericht bestehenden Recht noch nicht verjährt ist.

§ 225. Die Arreststrafe ist in dem gerichtlichen oder verwaltungsbehördlichen Gefängnis nach Maßgabe der Bestimmung des § 1 des G. A. XXVII: 1892[1]) zu vollziehen.

Zum Vollzuge sämtlicher in der Haupt- und Residenzstadt Budapest verhängten Arreststrafen dient als verwaltungsbehördliches Gefängnis das Gefängnis der Staatspolizei.

---

[1]) § 1 des G. A. XXVII: 1892 (über die Vollstreckung der Gefängnis- und Arreststrafen und die Verwendung der aus den Geldstrafen einfließenden Beträge) lautet:

„Die Gefängnis- und die Arreststrafe ist in den gerichtlichen Gefängnissen zu vollziehen, wenn auch die Strafe durch eine Verwaltungsbehörde bemessen wurde.

Insolange, bis die gerichtlichen Gefängnisse entsprechend ausgebaut werden, können die von Verwaltungsbehörden bemessenen Gefängnis- und Arreststrafen ausnahmsweise auch in besonderen administrativen Gefängnissen vollzogen werden.

Von dem Bau besonderer administrativer Gefängnisse ist abzusehen.“

Die von der Grenzpolizei verhängte Arreststrafe kann auch im Gefängnis der Grenzpolizei vollzogen werden.

2. Vollzug von mehreren mit rechtskräftigen Urteilen festgesetzten Freiheitsstrafen.

§ 226. Wenn jemand mit verschiedenen rechtskräftigen Urteilen ohne Bemessung einer Gesamtstrafe zu mehreren Arreststrafen verurteilt wurde und im Sinne des Gesetzes (§§ 29, 30 des G. A. XL: 1879; §§ 5 und 8 des G. A. XXXVI: 1908) die Bemessung einer Gesamtstrafe erforderlich erscheint: wird die Gesamtstrafe auf Antrag des Fiskals oder des Verurteilten oder von Amts wegen von jenem Polizeistrafgericht erster Instanz festgesetzt, in dessen Sprengel der Verurteilte seine Strafe abbüßt bzw. wenn der Verurteilte seine Strafe noch nicht angetreten hat, von jenem Polizeistrafgericht, das bezüglich der mit einer schwereren Strafe bestraften Übertretung vorgegangen ist, oder wenn dies zweifelhaft ist oder wenn die festgesetzten Strafen gleich sind, von jenem Polizeistrafgericht, das in der mit dem zuletzt gefällten rechtskräftigen Urteil abgeschlossenen Angelegenheit vorgegangen ist.

Das Polizeistrafgericht beschließt ohne Verhandlung erforderlichenfalls nach Anhörung des Fiskals und des Verurteilten. Die Gesamtstrafe wird vom Polizeistrafgericht lediglich auf Grund des Verhältnisses der Dauer der einzelnen in den früheren Urteilen festgesetzten Strafen, ohne Berücksichtigung der erschwerenden und mildernden Umstände und innerhalb der Grenzen des gesetzlichen Ausmaßes der Arreststrafe mittels Urteils festgesetzt.

Das Urteil ist dem Fiskal und dem Verurteilten mitzuteilen; gegen dasselbe ist die Berufung nur in der Frage des Ausmaßes der festgesetzten Gesamtstrafe und des bedingten Strafaufschubes zulässig.

Sollte die vom Polizeistrafgericht verhängte Arreststrafe mit einer mittels Urteils des kgl. Gerichtes festgesetzten Freiheitsstrafe in eine Gesamtstrafe zusammengefaßt oder vereinigt werden (§§ 517 und 518 des G. A. XXXIII: 1896), so sind die Akten an die zuständige kgl. Staatsanwaltschaft oder das kgl. Bezirksgericht zu übersenden.

Durch das wegen Festsetzung der Gesamtstrafe eingeleitete Verfahren wird der Vollzug der mit besonderen Urteilen verhängten Strafen nicht gehemmt.

3. Vollzug der Geldstrafe und der Kosten des Verfahrens.

§ 227. Der Vollzug der rechtskräftig festgesetzten und bedingungsweise nicht aufgeschobenen Geldstrafe ist in der Regel sogleich anzuordnen, wenn der Verpflichtete seiner Zahlungsverpflichtung innerhalb der Leistungsfrist nicht nachgekommen ist. Die Leistungsfrist beträgt, sofern irgend ein Gesetz nicht eine kürzere Frist bestimmt (z. B. § 70 des G. A. II: 1898), fünfzehn Tage von der eingetretenen Rechtskraft des Beschlusses.

Die Einbringung der Geldstrafe erfolgt bei entsprechender Anwendung der die exekutive Einhebung der öffentlichen Steuern betreffenden Vorschriften nebst den unten angeführten sowie der im § 228 bestimmten Abweichungen.

Verzugszinsen werden nicht entrichtet.

Die Mahnung wird durch Mitteilung des Urteils ersetzt.

Außer den bezüglich der Exekutionsbefreiung in den die Einhebung von öffentlichen Steuern betreffenden Gesetzen bestimmten Vorschriften sind überdies auch jene besonderen Vorschriften der einzelnen Gesetze anzuwenden, die eine Exekutionsbefreiung in Übertretungsangelegenheiten festsetzen.

§ 228. Auf die Immobilien des Verurteilten kann eine Exekution zum Zwecke der Einbringung der Geldstrafe nur dann geführt werden, wenn die auf die Mobilien durchgeführte Exekution erfolglos geblieben ist und keiner der im § 229 bestimmten Fälle vorliegt. Behufs Anordnung der auf die Immobilien des Verurteilten zu führenden Exekution sind die Akten der Übertretungsangelegenheit und die Akten betreffend die auf die Mobilien geführten Exekution mit einem Bericht dem zuständigen Verwaltungsausschuß vorzulegen. Der von Amts wegen eingeholte Grundbuchauszug über die Realität und das den Wert der Realität bezeichnende behördliche Zeugnis sind beizuschließen.

Der Verwaltungsausschuß teilt seinen Beschluß den Interessenten und dem Fiskal mit. Gegen diesen Beschluß ist die Berufung binnen fünfzehn Tagen an jenen Minister zulässig, der in der betreffenden Übertretungsangelegenheit für das Verfahren in dritter Instanz berufen ist.

Der Verwaltungsausschuß übersendet den die Exekution anordnenden Beschluß nach eingetretener Rechtskraft von Amts wegen wegen Durchführung der Exekution an die zuständige Grundbuchsbehörde.

Das Staatsärar wird in dem weiteren Verfahren vom Fiskal bzw. im Falle der zum Nachteile des Staatsärars begangenen Forstübertretungen von der zuständigen kgl. Ärarialanwaltschaft vertreten.

§ 229. Von dem Exekutionsverfahren ist Abstand zu nehmen bzw. dasselbe ist einzustellen und an Stelle der Geldstrafe ist die für den Fall der Uneinbringlichkeit festgesetzte Arreststrafe (§ 232) zu vollstrecken:

1. wenn gegen den Verurteilten ein Konkursverfahren im Zuge ist, oder wenn mittels eines behördlichen Zeugnisses bestätigt ist, daß der Verurteilte ein exekutionsfähiges Vermögen nicht besitzt oder nur ein so geringes Vermögen besitzt, daß daraus der volle Betrag der festgesetzten Geldstrafe voraussichtlich nicht eingebracht werden kann;

2. wenn der Verurteilte im Inlande keinen ständigen Aufenthaltsort hat und kein solches Vermögen besitzt, aus welchem die festgesetzte Geldstrafe eingebracht werden könnte;

3. auf begründetes Ansuchen des Verurteilten, wenn die Einbringung der Geldstrafe seine schwere materielle Schädigung verursachen oder seinen oder seiner Familie Unterhalt gefährden würde.

Gegen den in dieser Frage erbrachten Bescheid ist, ausgenommen den Fall des zweiten Punktes, ein Rekurs mit aufschiebender Wirkung zulässig.

§ 230. In besonders berücksichtigungswürdigen Fällen kann das Polizeistrafgericht auf Ansuchen des Interessenten für die Entrichtung der Geldstrafe einen Aufschub in der Dauer von höchstens einem Jahre bewilligen und auch gestatten, daß der Verurteilte die Geldstrafe innerhalb eines Jahres in Raten abzahle.

Die Begünstigung kann bei Nichteinhaltung der Ratenzahlung widerrufen werden.

§ 231. Wenn der volle Betrag der Geldstrafe nicht erlegt wurde, so ist der restliche Betrag in Gemäßheit des Urteiles in Arreststrafe (§ 232) umzuwandeln.

§ 232. Wenn das Polizeistrafgericht für den Fall der Uneinbringlichkeit der im Urteil festgesetzten Geldstrafe die Leistung einer öffentlichen Arbeit angeordnet hat und der Verurteilte die Leistung der öffentlichen Arbeit über Aufforderung des Polizeistrafgerichtes binnen vierundzwanzig Stunden nicht beginnt oder wenn er die öffentliche Arbeit in der vorgeschriebenen Weise nicht verrichtet, ist gegen ihn die im Urteil für diesen Fall festgesetzte Arreststrafe zu vollstrecken.

Der Verurteilte darf nur zur Leistung der gesetzlichen und im Orte des Vollzuges üblichen öffentlichen Arbeit verpflichtet werden. Die öffentliche Arbeit ist persönlich zu verrichten.

Die Verrichtung der öffentlichen Arbeit kann innerhalb der Verjährungsfrist aufgeschoben werden, bis eine Gelegenheit sich dazu bietet. Im übrigen sind bezüglich des Aufschubes und der Unterbrechung des Vollzuges der öffentlichen Arbeit die Bestimmungen des § 221 entsprechend anzuwenden.

§ 233. Wenn der Verurteilte während des Vollzuges der anstatt der Geldstrafe festgesetzten Arreststrafe (§ 232) eine der noch nicht vollzogenen Dauer der Arreststrafe entsprechende Geldstrafe entrichtet, so ist der Vollzug der Arreststrafe sofort einzustellen.

§ 234. Bezüglich Einbringung der mit rechtskräftigem Beschluß festgesetzten Kosten des Verfahrens sind die Bestimmungen der §§ 227—230 entsprechend anzuwenden. Die Kosten des Verfahrens können im Falle der Uneinbringlichkeit in Arreststrafe oder öffentliche Arbeit nicht umgewandelt werden.

Der eingezahlte oder im Exekutionsweg eingebrachte Betrag ist zur Deckung der Exekutionskosten, der eventuell aufgelaufenen Tierhaltungskosten, des Treibergeldes, der Schadenersatzforderung und des sonstigen privatrechtlichen Anspruches sowie zur Deckung der noch nicht angemeldeten Kosten des Verfahrens und der Geldstrafe zu verwenden. Der nach deren Begleichung etwa noch übrigbleibende Betrag ist dem Exekuten oder seinen ausgewiesenen Erben auszufolgen.

§ 235. Der eingebrachte Betrag ist samt dem Exekutionsprotokoll binnen vierundzwanzig Stunden jenem Polizeistrafgericht zu übersenden, das die Exekution angeordnet hat; wenn die Exekution erfolglos geblieben ist, ist das hierüber aufgenommene Protokoll bei demselben Polizeistrafgericht zu präsentieren.

Von dem eingebrachten Betrag ist der den Parteien gebührende Teil spätestens binnen acht Tagen dem Berechtigten auszufolgen.

4. Einbringung der zuerkannten privatrechtlichen Forderungen.

§ 236. Der rechtskräftige Beschluß des Polizeistrafgerichts bildet bezüglich der festgesetzten Schadenersatzforderung und des sonstigen privatrechtlichen Anspruches eine vollstreckbare öffentliche Urkunde.

Hinsichtlich der Schadenersatzforderungen und der sonstigen privatrechtlichen Ansprüche wird die Exekution von der Verwaltungsbehörde von Amts wegen verfügt, es wäre denn, daß die berechtigte Partei das Ansuchen vorgebracht hat, von der Anordnung der Exekution Umgang zu nehmen. Diese Exekution wird hinsichtlich des beweglichen Vermögens des Verurteilten mit entsprechender Anwendung der Vorschriften, betreffend die im Exekutionswege zu erfolgende Einhebung von öffentlichen Steuern, durchgeführt.

Auf das unbewegliche Vermögen des Verurteilten wird die Exekution im Sinne des vorhergehenden Absatzes von der in erster Instanz vorgegangenen Verwaltungsbehörde auf das nach den Vorschriften des in Zivilrechtssachen maßgebenden Exekutionsverfahrens eingebrachte Ansuchen des Berechtigten angeordnet; wegen Durchführung der Exekution wird bei Übersendung des Ansuchens und des die Exekution anordnenden Beschlusses das zuständige kgl. Gericht als Grundbuchsbehörde ersucht.

Hinsichtlich der privatrechtlichen Ansprüche findet die sicherstellungsweise Exekution im Sinne der bestehenden besonderen Gesetze und sonstigen Rechtsnormen statt.

Zweiter Titel.

Verfahren vor dem Gemeindegericht.

1. Wirkungskreis, Zuständigkeit und Mitglieder des Gemeindegerichtes.

§ 237. Das Gemeindegericht kann, wenn die Anzeige bei ihm eingebracht wurde und seine Amtshandlung nach § 238 nicht ausgeschlossen ist, wegen der auf dem Gebiete der Groß- und Kleingemeinden begangenen folgenden minderschweren Übertretungen vorgehen:

1. wegen feldpolizeilicher und Forst-Übertretungen, wenn der zu ersetzende Wert und Schaden oder der geforderte Schadenersatz oder die Schadensgebühr den Wert von vierzig Kronen nicht übersteigt;

2. wegen solcher Übertretungen der Dienstbotenordnung, in welchen das Gemeindegericht zur Gerichtsbarkeit von dem Munizipium mit Genehmigung des Ministers des Innern bzw. in den gegen das landwirtschaftliche Dienstbotengesetz (G. A. XLV: 1907) verstoßenden Übertretungen mit einverständlicher Genehmigung des Ackerbauministers und des Ministers des Innern ermächtigt wurde.

§ 238. Das Gemeindegericht kann nicht vorgehen, wenn auf die Übertretung in dem Gesetz Arreststrafe festgesetzt ist, oder wenn gegen einen und denselben Beschuldigten wegen einer Übertretung oder wegen mehrerer Übertretungen insgesamt eine vierzig Kronen übersteigende Geldstrafe verhängt werden müßte.

§ 239. Das Gemeindegericht kann gegen Personen, denen die Exterritorialität, die persönliche Befreiung oder das Immunitätsrecht zukommt, ferner gegen die den militärischen Straf- und Disziplinarvorschriften unterstellten Personen der bewaffneten Macht und der Gendarmerie sowie gegen einen unbekannten Beschuldigten oder einen in unbekanntem Ort sich aufhaltenden Beschuldigten nicht vorgehen.

§ 240. Die bezüglich des Wirkungskreises oder der Zuständigkeit des Gemeindegerichtes sich ergebenden Streitfragen entscheidet der Oberstuhlrichter bzw. wenn solche Fragen hinsichtlich solcher Gemeindegerichte entstehen, die zum Sprengel verschiedener Verwaltungsbezirke gehören, der vorgesetzte Vizegespan, oder wenn die Gemeindegerichte nicht zum Verband eines Komitats gehören, der Minister.

§ 241. Mitglieder des Gemeindegerichtes sind: in Großgemeinden der Richter mit einem Mitglied der Gemeindevorstehung und dem Notär oder dessen Vertreter, in Kleingemeinden der Richter mit zwei Mitgliedern der Gemeindevorstehung, von welchen das eine Mitglied im Falle seiner Anwesenheit der Kreisnotär ist. Für das Gemeindegericht werden die Mitglieder der Gemeindevorstehung vom Richter von Jahr zu Jahr bestimmt. Der Gemeindearzt oder der Kreisarzt darf zum Mitglied des Gemeidegerichtes gegen seinen Willen nicht bestimmt werden.

Bei der Verhandlung und Urteilsfällung müssen alle drei Mitglieder anwesend sein.

Das Gemeindegericht beschließt mit Stimmenmehrheit. Der Richter gibt seine Stimme zuletzt ab.

§ 242. An der Erledigung der Angelegenheit können als Mitglieder des Gemeindegerichtes nicht teilnehmen:

1. der Verletzte und der Beschuldigte;

2. die Anverwandten des Verletzten oder des Beschuldigten in gerader Linie sowie ihre Geschwister, Ehegatten und ihre Verlobten.

Wenn der Gemeinderichter an der Erledigung der Angelegenheit nach dem vorhergehenden Absatz nicht teilnehmen könnte, ist die Angelegenheit behufs Entscheidung in erster Instanz an den Oberstuhlrichter vorzulegen.

An Stelle des von der Erledigung der Angelegenheit ausgeschlossenen sowie des abwesenden oder an dem Erscheinen gehinderten Mitgliedes kann in dringenden Fällen zur Verhandlung und Urteilsfällung seitens des Richters fallweise irgend ein anderes Mitglied der Gemeindevorstehung geladen werden. In Gemeinden, wo es mehrere Notäre oder neben dem Notär auch Vizenotäre gibt, ist aus der Reihe derselben an Stelle des ausgeschlossenen oder gehinderten Notärs in der Regel der Rangälteste zu laden.

§ 243. Wenn auf die angezeigte Übertretung im Gesetz Arreststrafe gesetzt ist oder wenn eine vierzig Kronen übersteigende Geldstrafe zu bemessen wäre, oder wenn die Entscheidung der zur Anzeige gebrachten Übertretung aus einem andern Grunde nicht zum Wirkungskreis des Gemeindegerichtes gehört, oder wenn sie mit einer in den Wirkungskreis eines andern Gerichtes gewiesenen strafbaren Handlung in engem Zusammenhang steht, oder wenn die Anzeige gegen eine solche Person gerichtet ist, gegen welche das Gemeindegericht nicht vorgehen kann, ist die Anzeige an den zuständigen Oberstuhlrichter, an die zuständige kgl. Staatsanwaltschaft oder das zuständige kgl. Bezirksgericht zu übermitteln.

Der Oberstuhlrichter kann die ihm vorgelegte Angelegenheit an das Gemeindegericht nicht zurückweisen.

2. Die Parteien und ihre Bevollmächtigten.

§ 244. Parteien im Sinne des zweiten Titels dieser Verordnung sind: der Verletzte und der Beschuldigte.

Verletzter ist in Fällen der Forst- und feldpolizeilichen Übertretungen jener, der den Schaden erlitten hat, und im Falle der Übertretung der Dienstbotenordnung der Dienstherr oder der Dienstbote. Verletzter ist im Sinne dieser Verordnung auch der gesetzliche Vertreter des Verletzten.

Beschuldigter ist jener, der wegen der Übertretung angezeigt wurde.

§ 245. Die Partei kann sich auch durch einen Bevollmächtigten vertreten lassen; der letztere übt dieselben Rechte aus, die dem Mandant zukommen.

Derjenige, der zu irgend einem Mitglied des Gemeindegerichtes in dem im Punkt 2 des § 242 bezeichneten Angehörigkeitsverhältnis steht, kann bei der Verhandlung der Angelegenheit als Bevollmächtigter nicht vorgehen.

Die Bevollmächtigung kann schriftlich gegeben oder beim Gemeinderichter mündlich angemeldet werden.

Die Eltern können von ihren Kindern und umgekehrt, der Gatte von der Gattin und umgekehrt, das Geschwister von dem Geschwister, der Minderjährige und das Mündel von seinem gesetzlichen Vertreter oder dessen Bevollmächtigten, die juristische Person von ihrem regelmäßigen Rechtsvertreter, schließlich der geschädigte Forsteigentümer, Gutsherr, Landwirt von seinem Forstverwaltungsbeamten oder sonstigen Wirtschaftsverwalter (Beauftragten) auch ohne besondere Bevollmächtigung vertreten werden.

Für den Bevollmächtigten können Kosten niemandem gegenüber festgesetzt werden.

3. Einleitung des Verfahrens; privatrechtlicher Anspruch und Abschätzung des Schadens.

§ 246. Wegen der auf Privatantrag oder auf Klage zu verfolgenden Übertretungen kann das Verfahren nur auf Antrag oder Klage des Berechtigten oder seines Bevollmächtigten anhängig gemacht werden; wegen der von Amts wegen zu verfolgenden Übertretungen ist das Verfahren hingegen auf Grund der Anzeige irgend einer Person einzuleiten.

Von den durch Feld-, Berg- oder Forsthüter erstatteten Anzeigen sind die Verletzten zu verständigen.

§ 247. Die Anzeige (der Privatantrag, die Klage) kann sowohl mündlich als auch schriftlich erstattet werden.

§ 248. Der Verletzte kann vor dem Gemeindegericht unter einem auch den Ersatz seines aus der Übertretung entstandenen Schadens oder statt dessen im Fall einer feldpolizeilichen Übertretung seine im Gesetze bestimmte Schadensgebühr fordern, wenn der Schaden oder die Schadensgebühr den Wert von vierzig Kronen nicht übersteigt, oder zwar übersteigt, der Verletzte jedoch nicht mehr beansprucht.

Gibt sich der Verletzte statt der Begleichung des durch die feldpolizeiliche Übertretung verursachten Schadens mit der Schadensgebühr zufrieden, so kann er überdies eine Schadenersatzforderung nicht geltendmachen. Die Schadensgebühr kann nur innerhalb vier Wochen, von der Begehung der Übertretung gerechnet, gefordert werden; über diese Frist hinaus kann nur Schadenersatz gefordert werden.

In Verbindung mit der Übertretungsangelegenheit können über die im G. A. XLV: 1907[1]) bestimmten privatrechtlichen Ansprüche nur jene Gemeindegerichte entscheiden, auf die auf Grund des § 65 des Gesetzes von dem Ackerbauminister im Einverständnis mit dem Minister des Innern über begründetes Einschreiten des Verwaltungsausschusses dieser Teil des den Verwaltungsbehörden erster Instanz zukommenden Wirkungskreises übertragen worden ist.

§ 249. Vor dem Gemeindegericht ist ein der Verhandlung vorangehendes Verfahren nur dann am Platze, wenn der verursachte Schade mittels Schätzung festgesetzt werden muß, oder wenn entwendete Gegenstände oder corpora delicti mit Beschlag zu belegen oder zu verwerten sind.

§ 250. Im Fall einer feldpolizeilichen Übertretung wird der angemeldete Schaden in erster Reihe von jenem Feld- oder Berghüter

---

[1]) G. A. XLV: 1907 über die Regelung des Rechtsverhältnisses zwischen dem Landwirt und dem landwirtschaftlichen Dienstboten.

abgeschätzt, unter dessen Aufsicht das Gebiet, wo die Schädigung erfolgte, gehört.

Der die Schätzung vornehmende Hüter meldet das Ergebnis der Schätzung schriftlich oder mündlich dem Gemeinderichter.

Wird die Schätzung des Feld- oder Berghüters binnen drei Tagen, von der Anmeldung gerechnet, seitens einer der Parteien beanständet, so ist die Feststellung des Schätzungswertes des Schadens in erster Reihe im Vergleichsweg zu versuchen und wenn dies nicht gelingt, eine neue Schätzung vorzunehmen.

Zur Durchführung der neuen Schätzung werden sowohl von dem Beschädiger als auch von dem Beschädigten je ein Schätzmeister bestellt, der Gemeinderichter entsendet zu diesen einen dritten Schätzmeister. Weigert sich der Gegner der die Schätzung begehrenden Partei, einen Schätzmeister zu bestellen, so wird ein solcher statt seiner seitens des Richters bestellt. Kann zwischen den Schätzmeistern bezüglich Feststellung des Schadensbetrages ein Einverständnis nicht erzielt werden, so sind die von den einzelnen Schätzmeistern beantragten Schadensbeträge zu addieren und durch drei zu teilen; der Schätzungspreis des Schadens ergibt sich aus dem Ergebnis der Teilung.

Wenn der Schaden nicht vom Feldhüter oder Berghüter angezeigt wurde, weist der Gemeinderichter den Feld- oder Berghüter zur Schätzung unverzüglich an, eventuell läßt er die Schätzung auf Wunsch des Beschädigten gemäß des vorhergehenden Absatzes durch Schätzmeister vornehmen.

Im Falle von Forstübertretungen ist der Wert des entwendeten Gutes, der Schadenersatzbetrag und das Treibergeld nach dem Munizipal-Wert- und Preisstatut bzw. der Schaden, der durch eine gegen den § 111 des Forstgesetzes (G. A. XXXI: 1879) verstoßende Handlung verursacht wurde, stets auf Grund fachmännischer Schätzung festzustellen.

4. Verfügungen gegen die Person des Beschuldigten.

§ 251. Die Festnahme darf vom Gemeindegericht nicht verfügt werden.

Der Gemeinderichter ist jedoch berechtigt, im Falle der Ergreifung auf frischer Tat den Beschuldigten, wenn dieser ein Ausländer ist oder keine Wohnung oder Beschäftigung hat und in den Abendstunden oder zur Nachtzeit vor das Amt begleitet wurde, bis zu der für den folgenden Morgen einberäumten Verhandlung in Gewahrsam zu halten. Auch ein solcher zur Tageszeit vor das Amt gestellte Beschuldigte kann bis zum Zeitpunkt der für denselben Tag einberäumten Verhandlung bei dem Gemeindehaus zurückbehalten werden.

Ein solcher Beschuldigte ist auf freiem Fuß zu belassen, falls er eine der Geldstrafe und dem wahrscheinlichen Betrag des verursachten Schadens entsprechende Kaution erlegt hat, oder von ihm ein entsprechendes Pfand genommen wurde.

5. Beschlagnahme.

§ 252. Der Gemeiderichter ist befugt, die dem auf frischer Tat betretenen Beschuldigten an corpora delicti oder an Pfand abgenommenen Tiere und sonstigen Gegenstände oder die vom Beschuldigten versteckten corpora delicti mit Beschlag zu belegen, sie eventuell wegschaffen lassen und für ihre Hinterlegung zu sorgen; das Gemeindegericht darf jedoch eine Hausdurchsuchung und eine Leibesdurchsuchung nicht anordnen.

Im Gegenstande der Beschlagnahme ist nur dann ein schriftlicher Beschluß zu erbringen, wenn die mit Beschlag belegten Tiere oder sonstigen Gegenstände bei dem Beschuldigten gelassen werden, oder wenn sie bei einer dritten Person mit Beschlag zu belegen sind.

Im Beschlusse sind jene Tiere oder sonstigen Gegenstände, die mit Beschlag belegt werden, deutlich zu bezeichnen. Ihre Besitzer sind unter einem aufmerksam zu machen, die mit Beschlag belegten, jedoch bei ihnen gelassenen Tiere oder sonstigen Gegenstände bis zur Verfügung des Gemeindegerichtes nicht zu veräußern, da sie im entgegengesetzten Fall bezüglich des daraus entstehenden gesamten Schadens verantwortlich sein werden.

Über jene Beschlagnahmen, bezüglich welcher ein schriftlicher Beschluß nicht erbracht wurde, ist der Beschuldigte mündlich zu verständigen.

6. Übernahme der corpora delicti und der Pfandobjekte in Gewahrsam und ihre Manipulation.

§ 253. Bezüglich der Übernahme der als corpora delicti oder als Pfand mit Beschlag belegten Tiere und sonstigen Gegenstände in Gewahrsam verfügt der Gemeinderichter. Die Tiere sind zur Haltung, wenn die Gemeinde eine für diesen Zweck geeignete Lokalität nicht besitzt, bei einem verläßlichen Insassen der Gemeinde zu unterbringen.

Der Gemeinderichter ist verpflichtet, den Verletzten und den Eigentümer der in Beschlag genommenen Tiere oder sonstigen Gegenstände von der Übernahme in den Gewahrsam binnen achtundvierzig Stunden zu verständigen und hat unter einem: a) den Verletzten aufmerksam zu machen, daß die in Gewahrsam genommenen Tiere und sonstigen Gegenstände, wenn er seine Ansprüche binnen acht Tagen, von der Verständigung gerechtet, nicht geltendmacht, dem Eigentümer ausgefolgt werden; b) den Eigentümer aufzufordern, binnen acht Tagen, von der Aufforderung gerechnet, eine dem verursachten Schaden und den verursachten Kosten entsprechende Kaution zu erlegen, weil sonst, wenn der Verletzte seine Ansprüche geltendmacht, die in Beschlag genommenen Tiere und sonstigen Gegenstände bei öffentlicher Versteigerung eventuell verkauft werden.

§ 254. Wenn der Verletzte binnen der festgesetzten Frist seinen Anspruch geltend macht, versucht der Gemeinderichter bezüglich des verursachten Schadens zwischen dem Verletzten und dem Eigentümer der in Beschlag genommenen Tiere oder sonstigen Gegenstände den

Vergleich. Kommt der Eigentümer seiner mittels Vergleiches festgesetzten und auch auf die verursachten Kosten sich erstreckenden Verpflichtung nach, oder erlegt er in Ermangelung eines Vergleiches die vom Gemeinderichter nach Maßgabe des wahrscheinlichen Schadensbetrages und der aufgelaufenen Kosten festgesetzte Kaution, so sind die in Beschlag genommenen Tiere und sonstigen Gegenstände dem Eigentümer auszufolgen.

Diese sind dem Eigentümer auch dann auszufolgen, wenn der Verletzte seinen Anspruch innerhalb der festgesetzten Frist nicht geltendmacht, vorausgesetzt, daß der Eigentümer die aufgelaufenen Kosten ersetzt.

Wenn der Verletzte seine Ansprüche innerhalb der festgesetzten Frist geltend macht, der Eigentümer der in Beschlag genommenen Tiere und sonstigen Gegenstände jedoch sich nicht meldet oder die festgelegte Kaution nicht erlegt hat, desgleichen auch dann, wenn der Verletzte seine Ansprüche zwar geltendgemacht hat, der Eigentümer jedoch die aufgelaufenen Kosten zu ersetzen sich weigert: sind die in Beschlag genommenen Tiere und sonstigen Gegenstände bei öffentlicher Versteigerung zu veräußern.

Der Gefahr des Verderbens ausgesetzte Gegenstände sind im Versteigerungswege sofort zu veräußern.

Das bei der Versteigerung eingelaufene Geld ist zur Zahlung der Kosten der Haltung und des Gewahrsams, des Treibergeldes und — soferne der Verletzte seinen Anspruch geltendgemacht hat — zur Zahlung des verursachten Schadens oder der geforderten Schadensgebühr und der noch nicht angemeldeten Kosten zu verwenden. Von dem nach Abzug dieser Kosten noch übrig bleibenden Betrag ist soviel zurückzubehalten, als es zur Deckung des wahrscheinlichen Betrages der Geldstrafe notwendig ist. Von den in Beschlag genommenen Tieren und sonstigen Gegenständen sind, wenn ihre Eigentümer bekannt sind, nur soviel im Versteigerungswege zu veräußern, als die erwähnten Beträge aus dem Kaufpreis Deckung erlangen; die eventuell nicht zur Versteigerung gelangten Tiere und sonstigen Gegenstände sowie der übrig bleibende Betrag sind dem Eigentümer gegen Bestätigung auszufolgen.

§ 255. Wenn der Eigentümer der als corpora delicti in Beschlag genommenen Tiere oder sonstigen Gegenstände unbekannt ist oder sich in unbekanntem Ort aufhält, ist die im zweiten Absatz des § 253 erwähnte Aufforderung in der Gemeinde, bzw. hinsichtlich Tiere oder anderer Gegenstände von größerem Wert auch in den Nachbargemeinden in der üblichen Weise kundzumachen.

Hat sich der Eigentümer bis zur Versteigerung nicht gemeldet, so sind sämtliche in Beschlag genommenen Tiere und sonstigen Gegenstände im Versteigerungswege zu veräußern und aus dem Erlös der nach Deckung des Schadenersatzes und der aufgelaufenen Kosten übrig bleibende Teil mit einem Bericht dem Oberstuhlrichter einzusenden.

§ 256. Über die Versteigerung ist ein Protokoll abzufassen und dieses den Akten beizuschließen.

7. Festsetzung des Verhandlungstermines, Vorladung und Rechtsfolgen des Nichterscheinens.

§ 257. Wenn der Gemeinderichter feststellt, daß die Übertretung zum Wirkungskreis des Gemeindegerichtes gehört und daß der Einleitung des Verfahrens kein Hindernis entgegensteht, setzt er zur Verhandlung der Angelegenheit einen Termin fest. Der Termin ist für möglichst kurze Zeit nach Erstattung der Anzeige (des Antrages, der Klage) spätestens für binnen fünfzehn Tagen festzusetzen.

§ 258. Zu der Verhandlung sind der Beschuldigte, der Verletzte, die angemeldeten Zeugen und im Bedarfsfall der Anzeiger vorzuladen.

Als Zeugen sind nur Personen vorzuladen, die von den wesentlichen Umständen der Angelegenheit Zeugenschaft ablegen können und deren Aussagen unbedingt notwendig sind.

§ 259. Sind die Parteien vor dem Gemeindegericht ohne Vorladung erschienen, oder können sie sogleich vorgerufen werden, oder gesteht die vor das Amt gestellte Person die Begehung der Übertretung, so kann die Verhandlung sogleich abgehalten werden.

§ 260. Die Vorladung geschieht mittels Vorladescheines, der vom Richter oder statt seiner vom Gemeinde- (Kreis-) Notär unterfertigt wird.

Der Vorladeschein ist nach den im Verwaltungsdienste geltenden Zustellungsvorschriften zuzustellen.

Die in aktiver Dienstleistung stehenden Personen der bewaffneten Macht, der Gendarmerie, der Polizei- und der Finanzwache dürfen nur im Wege ihrer vorgesetzten Behörde vorgeladen werden.

Wenn derjenige, der vorgeladen wird, in einem solchen öffentlichen Dienste steht, oder bei einer solchen Privatunternehmung angestellt ist, bei welchem (welcher) seine Vertretung während der Zeit der Vernehmung vom Gesichtspunkte des öffentlichen Interesses notwendig ist, ist von seiner Vorladung sein Vorgesetzter gleichzeitig zu verständigen.

§ 261. 1. Wenn die begangene Übertretung nur auf Antrag (Klage) des Verletzten strafbar ist und der vorschriftsmäßig vorgeladene Verletzte an der Verhandlung weder persönlich erschienen ist noch durch einen Bevollmächtigten sich vertreten ließ und sein Wegbleiben früher nicht entschuldigt, ist das Verfahren einzustellen und der Verletzte in die aufgelaufenen Kosten des Verfahrens zu verurteilen. Hat der Verletzte sein Wegbleiben entschuldigt und kann der Sachverhalt auch in seiner Abwesenheit klargestellt werden, so ist die Verhandlung auch ohne ihn abzuhalten und auf Grund des klargestellten Sachverhaltes der Beschluß zu erbringen.

Wenn die Übertretung hingegen von Amts wegen zu verfolgen ist, hindert das Wegbleiben des vorschriftsmäßig vorgeladenen Verletzten und seines Bevollmächtigten die Verhandlung der Angelegenheit nicht, der privatrechtliche Anspruch des Verletzten kann jedoch nur in dem vom Beschuldigten nicht beanständeten Betrag festgesetzt werden.

2. Wenn der vorschriftsmäßig vorgeladene Zeuge an der Verhandlung nicht erschienen ist und sein Wegbleiben nicht entschuldigt, ist er, soferne seine Vernehmung notwendig erscheint, unter Androhung einer in Arrest nicht umwandelbaren Geldbuße bis zu zehn Kronen für einen neuen Termin vorzuladen.

Ist der Zeuge auch auf die neuerliche Vorladung nicht erschienen und hat sein Wegbleiben nicht entschuldigt, so kann der Gemeinderichter ihn vorführen lassen; der Gemeinderichter ordnet weiters die Einbringung der in der Vorladung festgesetzten Geldbuße an und verurteilt den Zeugen überdies in die Kosten der Vorführung.

Die Vorführung der Zeugen ist mittels schriftlichen Beschlusses anzuordnen; der Richter läßt die Vorführung, wenn der Zeuge im Orte wohnt, durch die Gemeindeorgane bewirken; falls der Zeuge außerhalb des Sprengels des Gemeindegerichtes wohnt, ersucht der Richter wegen Anordnung der Vorführung den Oberstuhlrichter. Das die Vorführung bewirkende Organ hat mit Schonung und nach Möglichkeit ohne Aufsehen vorzugehen.

3. Wenn der Beschuldigte nicht erscheint, kann die Verhandlung auch in seiner Abwesenheit abgehalten werden.

4. Die Vorführung des Verletzten und des Beschuldigten kann vom Gemeindegericht nicht angeordnet werden. Kann der Sachverhalt ohne ihre Vernehmung nicht klargestellt werden, so ist die Angelegenheit zur Entscheidung in erster Instanz dem Oberstuhlrichter vorzulegen.

8. Verhandlung, Vergleich, Urteil.

§ 262. Die Verhandlung ist mündlich und öffentlich.

Die Angelegenheit ist nach Möglichkeit durch eine Verhandlung zu beenden.

Die Partei, aus deren Verschulden die Verhandlung vertagt werden muß, ist in die verursachten Kosten zu verurteilen.

Die Verhandlung leitet der Gemeinderichter, er sorgt für die Ordnung und die Aufrechthaltung der dem Gericht gebührenden Achtung. Er kann die Ordnungsstörenden, wenn der Ordnungsruf erfolglos bleibt, aus dem Verhandlungslokal weisen.

Der Gemeinderichter kann gegen jene Personen, die ein ungeziemendes Benehmen an den Tag legen, insbesondere die den Richter, die Partei oder den Bevollmächtigten, den Zeugen, den Sachverständigen oder den Schätzmeister beleidigen: eine bis zu zehn Kronen sich erstreckende, in Arrest nicht umwandelbare Geldbuße verhängen.

Wenn eine der Militärbehörde unterstellte Person die Verhandlung stört oder ein ungehöriges Benehmen an den Tag legt, kann sie zur Ordnung verwiesen und — wenn notwendig — aus dem Verhandlungssaal entfernt werden, wegen ihrer Bestrafung ist jedoch ihre vorgesetzte Behörde zu ersuchen.

Als Zuhörer darf mit einem Stocke niemand und mit Waffen dürfen nur diejenigen in das Verhandlungslokal eingelassen werden, die die Waffen berufsmäßig tragen.

§ 263. Im Falle einer auf Privatantrag zu verfolgenden Übertretung fordert der Gemeinderichter nach Erörterung des Sachverhaltes die Parteien bezüglich des privatrechtlichen Anspruches zu einem Vergleich auf. Kommt der Vergleich zustande, so sind in demselben die Kosten des Verfahrens und der Betrag des Schadens ziffermäßig anzuführen und die Modalitäten sowie die Frist der Abzahlung gleichfalls festzustellen.

Ein Vergleich bezüglich eines Schadens oder einer Schadensgebühr von mehr als vierzig Kronen kann nicht abgeschlossen werden.

Die Wirkung des Vergleichs hinsichtlich der privatrechtlichen Ansprüche des Verletzten und der Kosten des Verfahrens ist dieselbe, wie die eines rechtskräftigen Urteils. Kommt der Verpflichtete seiner Verpflichtung innerhalb der im Vergleich festgesetzten Frist nicht nach, so kann der Vergleich vollzogen werden.

Wenn der Vergleich zustande kommt, ist das Strafverfahren mittels Bescheides einzustellen, im entgegengesetzten Fall ist die Verhandlung fortzusetzen.

§ 264. Wenn der Beschuldigte im Laufe der Verhandlung die Begehung der Übertretung gesteht und die Beweisaufnahme auch wegen Bemessung der Strafe nicht notwendig ist, desgleichen auch dann, wenn das Vorhandensein eines die Schuld oder die Strafe ausschließenden Umstandes zweifellos festgestellt werden kann, ist von dem Beweisverfahren abzusehen und das Urteil zu fällen.

§ 265. Wenn der Beschuldigte die Begehung der Übertretung leugnet, oder wenn von dem Beweisverfahren aus einem andern Grund nicht abgesehen werden kann, verhört der Gemeinderichter die Zeugen. Der anwesende Beschuldigte kann auf die Aussage der Zeugen Bemerkungen machen, der anwesende Verletzte kann bezüglich der Verantwortung des Beschuldigten sich äußern.

Weder die Partei noch der Zeuge dürfen beeidet werden.

Die Zeugen bekräftigen ihre Aussagen statt des Eides mit Berufung auf ihr Gewissen.

Die Parteien können an die Zeugen in der Regel nur im Wege des Richters, mit seiner Bewilligung jedoch auch unmittelbar Fragen stellen.

§ 266. Erhebt der Beschuldigte im Laufe der Verhandlung gegen den Verletzten eine solche Gegenklage, deren Austragung gleichfalls zum Wirkungskreis des Gemeindegerichtes gehört, so ist die Gegenklage gegen den Verletzten zusammen mit der Anzeige zu verhandeln und zu entscheiden.

§ 267. Das Gemeindegericht beschließt mittels Urteiles oder Bescheides.

Das Gemeindegericht darf ein Strafmandat nicht erlassen und den bedingten Aufschub der Strafe nicht anordnen.

§ 268. Das Urteil ist nach Abschluß der Verhandlung sogleich zu fällen und den anwesenden Parteien zu verkünden.

Die nicht anwesende Partei kann zur Verkündung des Urteils geladen werden, oder statt dessen kann das Urteil ihm mittels Zustellungsscheines schriftlich mitgeteilt werden.

§ 269. Zieht der Verletzte seinen Antrag (Klage) vor der Urteilsfällung zurück und ist die Übertretung nur auf seinen Antrag strafbar, so ist kein Urteil zu fällen, sondern das weitere Verfahren mittels Bescheides einzustellen und der Verletzte in die aufgelaufenen Kosten zu verurteilen.

Im Falle der Gegenklage wird durch Zurückziehung der einen Klage die Entscheidung über die andere Klage nicht gehindert.

9. Erfordernisse des Urteils.

§ 270. Das Urteil ist entweder ein freisprechendes oder ein Strafurteil.

Ein jedes Urteil hat zu enthalten: die Benennung des Gemeindegerichtes, den Namen, das Alter, die Religion des Beschuldigten sowie seine Stellung oder Beschäftigung, eventuell seinen von einer gleichnamigen Person unterscheidenden Beinamen oder eine solche Bezeichnung.

Das Strafurteil hat außerdem zu enthalten:

1. jenen Paragraph des Gesetzes, auf Grund dessen das Gericht die Strafe verhängt hat;

2. den Betrag der verhängten Geldstrafe sowie die Festsetzung, von welcher Dauer der Arrest oder — falls dies das Gesetz zuläßt — die öffentliche Arbeit sei, die für den Fall der Uneinbringlichkeit der Geldstrafe an deren Stelle tritt;

3. den Betrag des festgesetzten Schadens, entwendeten Wertes und der festgesetzten Schadensgebühr;

4. die Festsetzung der Tierhaltungskosten, des Treibergeldes und der übrigen Kosten des Verfahrens und die Feststellung dessen, von wem und inwieweit diese Kosten zu tragen sind;

5. eine Verfügung bezüglich der im Laufe des Verfahrens in Beschlag genommenen und bis zur Urteilsfällung nicht zurückgegebenen corpora delicti, Pfandobjekte und sonstigen Deposite.

Im freisprechenden Urteil ist außer der Freisprechung bezüglich der Kosten des Verfahrens sowie der im Laufe des Verfahrens in Beschlag genommenen und bis zur Urteilsfällung noch nicht ausgefolgten corpora delicti, Pfandobjekte und sonstigen Deposite zu verfügen.

In einem freisprechenden Urteil darf eine Schadenersatzforderung oder eine Schadensgebühr nicht festgesetzt werden und der Beschuldigte darf zur Tragung der Kosten des Verfahrens nicht verpflichtet werden; bezüglich des in Verbindung mit einer Übertretung der Dienstbotenordnung geltendgemachten privatrechtlichen Anspruchs (dritter Absatz des § 248) ist jedoch in jedem Falle zu beschließen.

Ein jedes Urteil muß kurz begründet werden.

10. Rechtsmittel.

§ 271. Die Partei, die mit dem Urteil oder dem das Verfahren einstellenden Bescheid des Gemeindegerichtes sich nicht zufrieden gibt, kann binnen fünfzehn Tagen, von dem der Verkündung oder Zustellung des Beschlusses folgenden Tag gerechnet, bei dem Gemeinderichter mündlich oder schriftlich begehren, daß die Angelegenheit zur neuen Verhandlung und Beschlußfassung an den zuständigen Oberstuhlrichter geleitet werde.

Der Gemeinderichter darf das Ansuchen auch wegen Verspätung nicht zurückweisen. Die Partei kann seine Verspätung im Fall einer unverschuldeten Versäumnis vor dem Oberstuhlrichter rechtfertigen.

Der Oberstuhlrichter geht in diesen Fällen nach den für die Polizeistrafgerichte bestimmten Vorschriften vor. In solchen Fällen ist gegen Beschlüsse des Vizegespans eine weitere Berufung überhaupt nicht zulässig.

Wenn das Verfahren von dem Gemeindegericht zufolge des Zustandekommens eines Vergleichs oder Zurückziehung des Privatantrages oder der Klage eingestellt wurde, kann die Angelegenheit nicht vor den Oberstuhlrichter gebracht werden.

11. Die Kosten des Verfahrens und sonstigen Kosten.

§ 272. Die Kosten des Verfahrens und die sonstigen Kosten im Verfahren vor dem Gemeindegericht sind: die Kosten der Schätzung, der Tierhaltung, das Treibergeld, die Gebühren der Zeugen und die Kosten des Vollzuges.

Für die die Schätzung Vornehmenden kann eine zwei Kronen übersteigende Entlohnung nicht festgesetzt werden.

An Haltungskosten der eingetriebenen oder eingefangenen Tiere können die von dem Munizipalausschuß des Komitats festgesetzten Beträge aufgerechnet werden.

Bezüglich der Festsetzung der Höhe des Treibergeldes ist die Bestimmung des Gesetzes maßgebend.

Ein Taggeld kann in der Regel nur dem aus einer andern Gemeinde erschienenen Zeugen zuerkannt werden, einem in Orte wohnenden Insassen nur dann, wenn er ausschließlich vom Taglohn lebt.

Für vorgeladene Zeugen, die vom Tag- oder Wochenlohne leben und zufolge der Zeugenschaft ihres Erwerbs von jenem Tag zur Gänze oder zum Teil verlustig werden, desgleichen für Landwirte, die ihr Grundstück selbst bearbeiten und für Kleingewerbetreibende ist als Taggeld nach der betreffenden Saison dem örtlichen Taglohn, bzw. für einen halben Tag der dem halben Taglohn entsprechende

Betrag bzw. dem Forsthüterpersonal der ihnen nach ihren besonderen Vorschriften gebührende Betrag festzusetzen.

Dem vorgeführten Zeugen gebührt keine Entlohnung.

Ein Fuhrlohn kann für einen im Orte Wohnenden überhaupt nicht, und einen in einer andern Gemeinde Wohnenden nur dann festgesetzt werden, wenn er mehr als acht Kilometer weit entfernt wohnt.

§ 273. Die während des gemeindegerichtlichen Verfahrens aufgelaufenen Kosten des Verfahrens und sonstigen Kosten werden den Berechtigten vom Gemeinderichter nur nach ihrer Einhebung ausgezahlt.

12. Vollzug des Beschlusses.

§ 274. Der Beschluß wird vom Gemeinderichter von Amts wegen vollzogen.

Der Beschluß kann nur nach eingetretener Rechtskraft vollzogen werden.

Der Beschluß des Gemeindegerichtes erwächst nach Ablauf von fünfzehn Tagen, von dem seiner Verkündung oder Zustellung folgenden Tage gerechnet, in Rechtskraft, wenn während dieser Zeit keine der Parteien die Vorlage der Angelegenheit an den Oberstuhlrichter begehrt hat.

§ 275. Wenn die verpflichtete Partei binnen fünfzehn Tagen, von der eingetretenen Rechtskraft des Beschlusses des Gemeindegerichtes gerechnet, ihrer Verpflichtung nicht nachkommt, sind die verhängte Geldstrafe oder Geldbuße, ferner die festgesetzten Tierhaltungskosten, das Treibergeld und die Kosten des Verfahrens sowie der dem Beschuldigten gebührende Schadenersatzbetrag oder die Schadensgebühr analog wie die öffentlichen Steuern einzubringen.

Für die Abzahlung der Geldstrafe und der Geldbuße kann der Gemeinderichter im begründeten Fall einen Aufschub bis zu zwei Monaten gewähren und auch die Ratenzahlung bewilligen.

Die Exekution ist auf das bewegliche Vermögen (auf das Bargeld, die Forderung oder die sonstigen Mobilien) der verpflichteten Parteien zu führen und solange fortzusetzen, bis der ganze Verfällungsbetrag eingelaufen ist. Jene Mobilien, deren Beschlagnahme vom Gesetz verboten ist, sind auch von dieser Exekution ausgenommen.

Auf eine Realität darf zum Zwecke der Einbringung der Geldstrafe, der Geldbuße und der Kosten eine Exekution überhaupt nicht geführt werden; sie ist zum Zwecke der Einbringung des dem Beschädigten gebührenden Schadenersatzbetrages oder der Schadensgebühr nur in den im § 86 des G. A. XXII: 1877[1]) bestimmten Fällen und in der dort bestimmten Weise gestattet.

---

[1]) § 86 des G. A. XXII: 1877 (über das Verfahren in geringfügigen bürgerlichen Streitsachen [Bagatellangelegenheiten]) lautet:

„Wenn die Exekution auf bewegliche Sachen erfolglos geblieben, wenn auf die gepfändeten Gegenstände Ansprüche erhoben wurden, oder wenn der Exekutions-

§ 276. Der im Exekutionsweg eingelaufene Betrag ist zur Deckung der Exekutionskosten, der Tierhaltungskosten, des Treibergeldes, der Schadenersatzforderung und des sonstigen privatrechtlichen Anspruchs sowie zur Deckung der noch nicht angemeldeten Kosten des Verfahrens und der Geldstrafe oder der Geldbuße zu verwenden. Der übriggebliebene Betrag ist der Partei oder ihren ausgewiesenen Erben zurückzugeben. Der Empfang ist mittels Bestätigung zu quittieren, die den Akten beizuschließen ist.

§ 277. An Stelle der Geldstrafe ist die im Urteil festgesetzte Arreststrafe zu vollziehen oder die öffentliche Arbeit zu verrichten, falls die auf die Einbringung der Geldstrafe abzielende Exekution erfolglos geblieben ist oder wenn es offenkundig ist, daß die Exekution in Ermangelung eines verpfändbaren Vermögens erfolglos wäre und der Verurteilte die Geldstrafe auf die nach Ablauf der Leistungsfrist an ihn gerichtete Aufforderung binnen fünfzehn Tagen nicht bezahlt, oder der Verurteilte aus dem Grunde, weil die Einbringung ihm oder seiner Familie einen unverhältnismäßigen materiellen Nachteil verursachen würde, selbst ansucht, von der Einbringung der Geldstrafe abzusehen.

Das die Erfolglosigkeit der Exekution bezeugende Exekutionsprotokoll ist den Akten beizuschließen.

Weigert sich der Verurteilte, die festgesetzte öffentliche Arbeit zu verrichten, so ist gegen ihn statt der öffentlichen Arbeit eine deren Dauer entsprechende Arreststrafe zu vollziehen.

§ 278. Die an Stelle der Geldstrafe tretende Arreststrafe wird vom Gemeinderichter vollzogen.

Ist der Verurteilte zur Abbüßung der Strafe oder zur Verrichtung der öffentlichen Arbeit auf Vorladung nicht erschienen, so ordnet der Gemeinderichter seine Vorführung an.

Falls dem Gemeinderichter Zwangsmittel nicht zur Verfügung stehen, hat er um die Intervention des Oberstuhlrichters anzusuchen.

§ 279. Die an Stelle der Geldstrafe tretende Arreststrafe ist in dem Gemeindegefängnis, in Ermangelung eines solchen in dem am Sitz des Kreisnotariats befindlichen Gemeindegefängnis oder in dem am Sitz des Oberstuhlrichters befindlichen verwaltungsbehördlichen oder gerichtlichen Gefängnis zu vollziehen. Wenn die Strafe nicht

---

führer mittels eines von der Gemeindevorstehung des Wohnortes der sachfälligen Partei ausgestellten Zeugnisses beweist, dafs dieselbe die Forderung deckende Fahrnisse nicht besitzt, so ist die Exekution führende Partei berechtigt, die Exekution auf die Immobilien der sachfälligen Partei zu verlangen. In diesem Falle ist ein den Vorschriften der Zivilprozefsordnung entsprechendes Gesuch bei dem vorgehenden Richter einzureichen, welcher dasselbe binnen drei Tagen behufs weiteren vorschriftsmäfsigen Verfahrens an die kompetente Grundbuchsbehörde, wenn die Exekution hingegen auf Immobilien angesucht wird, die in den Sprengel mehrerer Grundbuchsbehörden gehören, an die zuerst genannte derselben zu leiten hat und verpflichtet ist, falls der zuerkannte Betrag durch teilweise Befriedigung vermindert wurde, dies in seiner Zuschrift ziffermäfsig anzugeben."

in dem Gemeindegefängnis vollzogen wird, ist der Verurteilte mit einem die Dauer der Arreststrafe genau bezeichnenden Berichte dem Oberstuhlrichter vorzuführen, der in diesem Falle den Vollzug der Strafe auf der Rückseite des Berichtes bestätigt und den Bericht dem Gemeinderichter zurücksendet.

Der Verurteilte hat während der Dauer des Arrestes für seine Verpflegung in der Regel selbst zu sorgen.

Der Verurteilte darf an Stelle der uneinbringlichen Geldstrafe nur zur Verrichtung der gesetzlichen und in der betreffenden Gemeinde üblichen öffentlichen Arbeit verpflichtet werden. Die öffentliche Arbeit ist persönlich zu leisten.

§ 280. Der Vollzug der an Stelle der Geldstrafe tretenden Arreststrafe ist aufzuschieben:

1. wenn der Verurteilte oder ein mit ihm im gemeinsamen Haushalt lebendes Familienmitglied an einer schweren oder ansteckenden Krankheit leidet, bis zur Genesung des Kranken;

2. wenn ein Mitglied der Familie des Verurteilten gestorben ist, auf fünfzehn Tage nach dem Begräbnis;

3. wenn die verurteilte Frauensperson im vorgeschrittenen Zustande der Schwangerschaft sich befindet, bis zu ihrer Genesung nach der Geburt;

4. wenn der Aufschub für den Verurteilten im Interesse des militärischen oder eines andern öffentlichen Dienstes notwendig erscheint;

5. wenn der Minister den Aufschub auf Grund eines Gnadengesuches angeordnet hat.

Der Gemeinderichter kann auch aus einem andern wichtigen Grund einen Aufschub bewilligen, jedoch nur einmal und auf höchstens zwei Wochen.

Wenn der Gemeinderichter den Aufschub verweigert oder wenn ein Aufschub von mehr als zwei Wochen notwendig wäre, ist das Gesuch um Aufschub vom Gemeinderichter dem Oberstuhlrichter vorzulegen, der über das Ansuchen bei Anwendung des § 221 endgültig entscheidet.

Wurde im Urteil für den Fall der Uneinbringlichkeit der Geldstrafe öffentliche Arbeit festgesetzt, so kann der Gemeinderichter deren Leistung innerhalb eines Jahres solange aufschieben, bis es einer öffentlichen Arbeit bedarf und dazu sich Gelegenheit bietet.

13. Aufzeichnung des Verfahrens.

§ 281. Die wesentlichen Daten und Momente des Verfahrens vor dem Gemeindegericht sind entsprechend den Bestimmungen der Geschäftsordnung aufzuzeichnen.

Dritter Titel.

Bestimmungen über die Inkraftsetzung, Schluß- und Übergangsbestimmungen.

§ 282. Mit dem Tag des Inkrafttretens dieser Verordnung verlieren ihre Wirksamkeit auf Grund der im § 22 des G. A. XX: 1901 enthaltenen Bestimmung alle jene Bestimmungen der Gesetze, Verordnungen und Statuten, die das in den zum Wirkungskreis der Verwaltungsbehörden gehörenden Übertretungsangelegenheiten bezügliche polizeiliche Strafverfahren betreffen, ohne Unterschied, ob sie mit den Vorschriften dieser Verordnung übereinstimmen oder ihnen widersprechen, ausgenommen, wenn diese Verordnung ausdrücklich auf sie verweist.

Innerhalb der im vorhergehenden Absatz festgesetzten Schranken verlieren ihre Wirksamkeit insbesondere:

die in den zum Wirkungskreis der Verwaltungsbehörden gewiesenen Übertretungsangelegenheiten die die Berufung betreffenden Bestimmungen der Gesetze;

die in einzelnen Gesetzen bezüglich der zum Wirkungskreise der Verwaltungsbehörden gehörenden Übertretungsangelegenheiten geregelten Verfahrensmodalitäten;

die unter Nummer 38 547 Min. d. Inn. vom Jahre 1880 hinausgegebene Verordnung und Weisung des Ministers des Innern betreffend das in den zum Wirkungskreis der Verwaltungsbehörden gewiesenen Übertretungsangelegenheiten zu beobachtende Verfahren;

die diese bezüglich der Berufung abändernde unter Nr. 2608 Präs. vom Jahre 1890 hinausgegebene Verordnung des Ministers des Innern;

die unter Nr. 35 839 Min. d. Inn. vom Jahre 1881 hinausgegebene Verordnung betreffend die bei Verhandlung von Forstübertretungen zu beobachtende Geschäftsordnung;

die Bestimmungen des VI. Hauptstückes der unter Nr. 39 266 vom Jahre 1884 hinausgegebene Verordnung des Ackerbau-, Gewerbe- und Handelsministers betreffend den Vollzug des in den Gesetzartikel XVII: 1884 inartikulierten Gewerbegesetzes, soferne sie das in Übertretungsangelegenheiten zu beobachtende Verfahren betreffen;

das XI. Hauptstück der unter Nr. 48 000 vom Jahre 1894 hinausgegebenen Verordnung des Ackerbauministers betreffend den Vollzug des G. A. XII: 1894 über die Landwirtschaft und die Feldpolizei;

die im Teil A enthaltenen Vorschriften des IV. Hauptstückes der unter Nr. 2000 Präs. vom Jahre 1898 hinausgegebenen Verordnung des Ackerbauministers betreffend den Vollzug des G. A. II: 1898 über die Regelung der Rechtsverhältnisse der Arbeitgeber und der landwirtschaftlichen Arbeiter, ferner das die Ausstellung von Zertifikaten und Erneuerung von verlorenen, ausgefüllten oder vernichteten

Zertifikaten betreffende Verfahren, soferne diese Vorschriften auf das in Übertretungsangelegenheiten zu beobachtende Verfahren sich beziehen;

die im IV. Hauptstück enthaltenen Vorschriften der unter Nr. 48 000 vom Jahre 1907 hinausgegebenen Verordnung des Ackerbauministers betreffend den Vollzug des G. A. XLV: 1907 über die Regelung des Rechtsverhältnisses zwischen dem Landwirt und dem landwirtschaftlichen Dienstboten und betreffend die Ausstellung der Dienstbotenarbeitsbücher und die Verfahrensvorschriften, mit Ausnahme der Punkte 4 und 7 des § 31, soferne sie auf das in Übertretungsangelegenheiten zu beobachtende Verfahren sich beziehen.

Zufolge des Inkrafttretens der §§ 13—16 des G. A. XX: 1901 verlieren jene Bestimmungen der früheren Gesetze, die in den zum Wirkungskreis der Verwaltungsbehörden gehörenden Übertretungsangelegenheiten zur Gerichtsbarkeit berufene Behörden bestimmen, gleichfalls ihre Wirksamkeit.

§ 283. Vom Tage des Inkrafttretens dieser Verordnung sind in dem wegen der in den Wirkungskreis der Verwaltungsbehörden gewiesenen Übertretungen eingeleiteten Strafverfahren die Vorschriften dieser Verordnung anzuwenden.

Die Vorschriften dieser Verordnung sind anzuwenden und die Akten sind an das nach dieser Verordnung zuständige Polizeistrafgericht abzutreten auch in jenen anhängigen Angelegenheiten, in welchen der Vorladeschein bis zum Tage des Inkrafttretens dieser Verordnung noch nicht hinausgegeben worden ist; in jenen Angelegenheiten hingegen, in welchen der Vorladeschein bereits hinausgegeben worden ist, ist nach den bisherigen Vorschriften die Verhandlung abzuhalten und der Beschluß zu erbringen.

Gegen die nach den bisherigen Vorschriften erbrachten Beschlüsse sind die nach dieser Verordnung zulässigen Rechtsmittel, und zwar nach den Vorschriften dieser Verordnung zulässig, es wäre denn, daß die in den bisherigen Verfahrensvorschriften festgesetzte Frist zur Einlegung von Rechtsmitteln vor dem Tag des Inkrafttretens dieser Verordnung bereits abgelaufen ist. Ein Rechtsmittel wegen ausnahmsweiser Überprüfung von rechtskräftigen Beschlüssen (§ 196) ist jedoch nur in den nach dem Inkrafttreten dieser Verordnung anhängig gewordenen Angelegenheiten zulässig.

Die vor dem Tag des Inkrafttretens dieser Verordnung an die Berufungsinstanzen bereits vorgelegten Rechtsmittel werden von den bisherigen Behörden nach den bisherigen Vorschriften erledigt; jene Berufung, die bis zum Tag des Inkrafttretens nicht vorgelegt wurde, ist hingegen an die nach dieser Verordnung zuständige Berufungsinstanz vorzulegen und nach den Vorschriften dieser Verordnung zu erledigen, und zwar auch dann, wenn die Berufung gegen den vor dem Inkrafttreten dieser Verordnung erbrachten Beschluß der ersten oder der zweiten Instanz eingelegt wurde.

Der Vollzug der Strafe erfolgt nach den Vorschriften dieser Verordnung, es wäre denn, daß mit dem Vollzug vor dem Inkrafttreten dieser Verordnung begonnen wurde.

§ 284. Diese Verordnung tritt an jenem Tag in Kraft, mit welchem das Ministerium die §§ 13—22 des G. A. XX: 1901 in Kraft setzt.

Diese Verordnung wird in der Stadt und im Bezirk Fiume mit den nach Maßgabe der dortigen Verhältnisse notwendigen Änderungen vom Ministerium mit einer besonderen Verordnung in Kraft gesetzt.

§ 285. Diese Verordnung bezieht sich auf die Gefällsübertretungsangelegenheiten und auf die zum Wirkungskreis des k. ung. Hafenkapitanats gewiesenen Übertretungsangelegenheiten nicht.

§ 286. Die Vorschriften der Geschäftsordnung werden mittels einer besonderen Verordnung festgesetzt.

Budapest, am 26. September 1909.

In Vertretung des mit der provisorischen Leitung des k. ung. Justizministeriums betrauten k. ung. Ministerpräsidenten:

Meskó, m. p.
Staatssekretär.

In Vertretung des k. ung. Ministers des Innern:

Hadik, m. p.
Staatssekretär.

IV.

Verordnung des kgl. ung. Ministeriums Nr. 6989/1910 Min. Präs. über die Inkraftsetzung der §§ 13—22 des Gesetzartikels XX: 1901 betreffend die Vereinfachung des administrativen Verfahrens.

(Kundgemacht in „Belügyi Közlöny" Nr. 55 vom 14. Dezember 1910.)

Das kgl. ung. Ministerium verfügt auf Grund der im § 44 des Gesetzartikels XX: 1901 erhaltenen Ermächtigung in Gemäßheit des am 11. Dezember 1910 gefaßten Ministerratsbeschlusses:

Die die polizeiliche Strafgerichtsbarkeit behandelnden Bestimmungen (§§ 13—22) des Gesetzartikels XX: 1901 über die Vereinfachung des administrativen Verfahrens haben am 1. Jänner 1911 ins Leben zu treten.

Budapest, am 11. Dezember 1910.

Graf Karl Khuen-Hédervàry, m. p.

V.

Zirkularverordnung des kgl. ung. Ministers des Innern Nr. 165 000/1910 Min. d. Inn. über das Inkrafttreten der Vorschriften betreffend das polizeiliche Strafverfahren und der Geschäftsordnungsvorschriften (erster Absatz).

(Kundgemacht in „Belügyi Közlöny“ Nr. 55 vom 14. Dezember 1910.)

(An alle Munizipien, den Oberstadthauptmann der kgl. ung. Staatspolizei in Budapest und an alle Grenzpolizeihauptleute.)

In Gemäßheit der am 11. Dezember 1910 unter Nr. 6989 Min. Präs. hinausgegebenen Verordnung des kgl. ung. Ministeriums treten die §§ 13—22 des Gesetzartikels XX: 1901 mit dem 1. Jänner 1911 ins Leben. Demzufolge treten die auf Grund des § 22 des bezogenen G. A. hinausgegebenen Verordnungen des Ministers des Innern und des Justizministers Nr. 65 000/1909 Min. d. Inn. betreffend die einheitliche Regelung des polizeilichen Strafverfahrens und Nr. 105 000/1909 Min. d. Inn. betreffend Regelung der Geschäftsordnung der Polizeistrafgerichte mit dem 1. Jänner 1911 gleichfalls ins Leben.

Budapest, am 12. Dezember 1910.

Graf Karl Khuen-Hédervåry, m. p.

Druck von Leonhard Simion Nf. in Berlin SW.

123012

Fortsetzung auf der 3. Umschlagseite.

No. 13. **Strafprozeß-Ordnung für das Königreich Ungarn.** Sanktioniert am 4. Dezember 1896. 3 M.

No. 14. **Vorentwurf zu einem Strafgesetzbuch für das kaiserlich japanische Reich.** 1 M. 50 Pf.

No. 15. **Strafgesetzbuch der Republik Chile.** 3 M.

No. 16. **Allgemeines Bürgerliches Strafgesetzbuch für das Königreich Dänemark** vom 10. Februar 1866 sowie Gesetz, betreffend die Behandlung einiger im allgemeinen Bürgerlichen Strafgesetzbuch behandelter Verbrechen und Gesetz über Gewalt gegen schuldlose Personen vom 11. Mai 1897. Übersetzt von Dr. jur Hans Bittl. 1 M. 60 Pf.

No. 17. **Die Bulgarische Strafprozeßordnung** vom 3. April 1897. Übersetzt von Dr. A. Teichmann, ord. Professor. 2 M. 25 Pf.

No. 18. **Die Norwegische Strafgesetzgebung** vom 22. Mai 1902. 1. Militärstrafgesetz. 2. Gerichtliches Verfahren in Militärstrafsachen. 3. Änderungen im Gesetz über das gerichtliche Verfahren in Strafsachen vom 1. Juli 1887. Übersetzt von Professor Dr. A. Teichmann. 2 M. 50 Pf.

No. 19. **Das Portugiesische Strafgesetzbuch.** Übersetzt von F. Zander. 3 M.

No. 20. **Allgemeines bürgerl. Strafgesetz für das Königreich Norwegen** vom 22. Mai 1902. Übersetzt von Dr. Ernst Heinrich Rosenfeld, o. ö. Professor und Andreas Urbye, Staatsanwalt in Tromsö (einzeln nicht mehr erhältlich). 2 M. 50 Pf.

No. 21. **Die Ottomanische Strafprozeßordnung,** veröffentlicht auf Irade vom 5 Redscheb 1296 (25. Juni 1879). Übersetzt von W. Padel, zweitem Dragoman der Kaiserlich Deutschen Botschaft in Konstantinopel. 2 M. 50 Pf.

No. 22. **Dänemark.** I. Interimistisches Gesetz vom 1. April 1905 betr. Änderungen der Strafgesetze (Prügelgesetz). II. Verordnung betr. Körperstrafe und Vollziehung. III. Bekanntmachung vom 6. September 1905 betr. die Durchführung der im interimistischen Gesetze vom 1. April enthaltenen Bestimmung, daß Gefängnisstrafe bei gewöhnlicher Kost mit Arbeitszwang verbunden ist. 60 Pf.

No. 23. **Strafgesetzbuch für das Kaiserlich japanische Reich** vom 23. April 1907. Übersetzt von Dr. jur. Shigema Oba, Kaiserlich japanischer Staatsanwalt. 1 M. 50 Pf.

No. 24. **Das neue russische Strafgesetzbuch** (Ugolovnoje Ulozenje). Allerhöchst bestätigt am 22. März 1903. Aus dem Russischen übersetzt von Dr. O. S. Bernstein. 4 M.

No. 25. **Oesterreichischer Gesetzentwurf,** betr. die strafrechtliche Behandlung und den strafrechtlichen Schutz Jugendlicher. 1907. 2 M. 50 Pf.

No. 26. **Spanisches Strafgesetzbuch.** Vom 17. Juni 1870. Übersetzt von Alfredo Hartwig. 3 M.

Fortsetzung auf der 4. Umschlagseite.

No. 27. **Neueste Englische Kriminalpolitik.**
1. Children Act, 1908.
2. Prevention of Crime Act, 1908.
3. Probation of Offenders Act, 1907. 2 M.

No. 28. Vorentwurf zu einem **Schweizerischen Strafgesetzbuch.** (April 1908.) 1 M. 50 Pf.

No. 29. Vorentwurf zu einem **Oesterreichischen Strafgesetzbuch.** September 1909.) 2 M.

No. 30. **Das Ungarische Strafgesetzbuch über Verbrechen und Vergehen** (v. Gesetz. Artikel vom Jahre 1878) mit allen Abänderungen und Ergänzungen einschließlich der Ungarischen Strafgesetznovelle (XXXVI. Gesetzartikel vom Jahre 1908 und den bis 1908 ergangenen strafrechtlichen Nebengesetzen. 2 M. 50 Pf.

No. 31. **Japanisches Militär-Strafgesetzbuch** vom 9. April 1908. Gesetzblatt No. 46. — **Japanische Militär-Strafgerichtsordnung** vom 19. Oktober 1898, Gesetzblatt No. 2. Übersetzt von Remosuke Fujisawa, Berlin-Schöneberg. 1 M. 20 Pf.

No. 32. **Vorentwurf zu einem Strafgesetzbuch für das Königreich Serbien.** Nach der amtlichen Ausgabe des Justizministeriums übersetzt und herausgegeben von Zivko Topalovits aus Belgrad und Hans Landsberg aus Berlin. 2 M.

No. 33. **Das Alkoholgesetz in Chile** vom 18. Januar 1902. Übersetzt von Alfredo Hartwig. 1 M.

No. 34. **Das türkische Strafgesetzbuch** vom 9. August 1858 mit Novelle vom 4. April 1911 und den wichtigsten türkischen Strafnebengesetzen. Deutsche Übersetzung nebst Einleitung und Anmerkungen von Dr. jur. Erich Nord. 3 M. 50 Pf.

No. 35. **Englisches Spionage-Gesetz** vom Jahre 1911. 80 Pf.

No. 36. **Das Gerichtsverfassungsgesetz und die Strafprozeßordnung von Japan.** Übersetzt und mit Anmerkungen versehen von Staatsanwalt Dr. Mannosuke Yamaoka und k. k. Hauptmannauditor Dr. Otto Kerry. 3 M.

No. 37. a) **Das belgische Kinderschutzgesetz** vom 15. Mai 1912. Übersetzt von Staatsanwalt Dr. Rosenfeld. b) **Französisches Gesetz betr. Jugendgerichte und Schutzaufsicht** vom 22. Juli 1912. Übersetzt von Staatsanwalt Dr. Rosenfeld. c) **Entwurf eines Deutschen Gesetzes über das Verfahren gegen Jugendliche.** 80 Pf.

No. 38. **Das polizeiliche Strafverfahren in Ungarn.** Übersetzt von Dr. Gabriel von Szöllösy, Oberstleutnantauditor im k. u. k. Kriegsministerium in Wien.

No. 39. **Regierungs-Entwurf eines Österreichischen Strafgesetzbuches** (1912)

No. 40. **Das Russische Militär-Strafrecht.** Übersetzt und bearbeitet von Rechtsanwalt Klibanski in Berlin.

Druck von Leonhard Simion Nf. in Berlin SW. 48.

123212

Kolibri 360 GmbH
Ferdinand-Jühlke-Straße 7
99095 Erfurt, Deutschland
produktsicherheit@kolibri360.de